美国中学
写作教学
译　丛

主编
[美]傅丹灵
曹勇军

故事 有的写作都是

# Minds Made For Stories:

## How We Really Read and

## Write Informational and Persuasive Texts

[美] 托马斯·纽柯克（Thomas Newkirk） 著

董蓉蓉 译

上海教育出版社

图书在版编目（CIP）数据

所有的写作都是讲故事 /（美）托马斯·纽柯克著；董蓉蓉译.
— 上海：上海教育出版社，2020.7（2021.3重印）
（美国中学写作教学译丛）
ISBN 978-7-5720-0113-0

Ⅰ.①所… Ⅱ.①托…②董… Ⅲ.①英语－写作－中学－教学
参考资料 Ⅳ.①G633.413

中国版本图书馆CIP数据核字(2020)第120425号

Thomas Newkirk. Minds Made for Stories: How We Really Read and Write
Informational and Persuasive Texts.
First published by Heinemann, a division of Greenwood Publishing Group,
Inc., 361 Hanover Street, Portsmouth, NH 03801, United States of America.
Copyright English version ©2014 by Thomas Newkirk. Translation © 2020
by Thomas Newkirk. All rights reserved.

上海市版权局著作权合同登记号 图字 09—2020—468 号

责任编辑　易英华
封面设计　陆　弦
[美]傅丹灵　曹勇军　主编
美国中学写作教学译丛

**所有的写作都是讲故事**
Minds Made for Stories: How We Really Read
and Write Informational and Persuasive Texts
[美] 托马斯·纽柯克　著
董蓉蓉　译

出版发行　上海教育出版社有限公司
官　　网　www.seph.com.cn
地　　址　上海市永福路123号
邮　　编　200031
印　　刷　启东市人民印刷有限公司
开　　本　700×1000　1/16　印张 11.25
字　　数　196 千字
版　　次　2020年10月第1版
印　　次　2021年3月第2次印刷
书　　号　ISBN 978-7-5720-0113-0/G·0084
定　　价　59.80 元

如发现质量问题，读者可向本社调换　电话：021-64377165

一

收入这套"美国中学写作教学译丛"的5本专著,代表了目前美国K—12写作教学研究的最新成果和最高水平。这套书的作者,有的是大学研究专家,有的是中学教师,他们在读写教育领域做出突出的贡献,是当今美国写作教学最具影响力的人物。

为了帮助读者更好地阅读这套译丛,我们简要梳理这5本书的基本内容,并略加评点,分析其独特价值和学术贡献。

（一）《在各学科内培养写作能力》

《在各学科内培养写作能力》（*Writing Instruction That Works: Proven Methods for Middle and High School Classrooms*）的主要作者亚瑟·艾坡毕与朱迪思·朗格（Arthur Applebee and Judith Langer），在美国语文教育界广为人知。两人是学术伉俪,为美国语文教育教学研究做出巨大贡献。

本书详细呈现了一项长达6年（2005—2011）的美国写作教学大型调研项目的数据和结果。该项研究主要目的是给美国学校的写作教学提供权威的数据参考,对实际教学和理论研究都有重大的意义。

在得到美国国家写作计划、大学理事会和斯宾塞基金的赞助后,艾坡毕和朗格带领着11位教职人员和博士生组成了研究小组,此外还有5个州的8个写作培训中心、23名当地写作培训中心的成员参与研究。研究数据收集历时4年,数据分析历时2年。在收集数据的4年里,每一年为一个阶段,共4个阶段,完成下列调研任务:

1. 调研过去30年美国写作教学发生的改变。

2. 对纽约州6所初高中展开个案研究。

3. 在5个州（加利福尼亚州、纽约州、肯塔基州、密歇根州和得克萨斯州）选择当地写作教学最出色的20所初高中展开研究。其间观摩语文课、数学课、社会／历史课和科学课共260节,采访教师和校领导

1

共220名，收集了138名学生一学期的优秀习作。

4. 进行全国范围的调研问卷，有来自全美4门不同学科的1520名中学教师参与问卷调查。

这本书共10章。第1章主要介绍了美国写作教学的历史与发展，以及现今写作教学面临的挑战。第2章介绍了美国学校普遍的写作教学现状——学生每天固定做多少写作练习，学校提供了哪些形式的写作指导，标准化考试对写作和写作教学有什么影响。第3—6章分别介绍了语文、社会/历史、数学和科学4门学科课堂上的写作指导。每一章都用成功的写作教学实例解释了写作教学是如何融进学科内部的，解释具体到每一学科课堂上学生会做多少写作练习，并把学科写作教学与《共同核心州立标准》作了对标，给出经实践证明有效的教学方法和教学指导。第7章是关于技术和写作教学的结合。这一章解释了为什么写作教学应当与现代技术相结合、以哪种方式结合以及哪些现代技术可以运用在写作教学中等问题。第8章主要针对的是母语非英语的学生的写作教学。对比了指导母语非英语的学生和母语为英语的学生写作的不同，详细讨论了学生群体多样的学区的典型教学实例。第9章则是针对贫困学生集中的州和学校的写作教学。第10章是全书的总结，针对21世纪的写作教学给出了5个方面的建议：

1. 写作教学应当成为各学科教学的一部分。

2. 各科教师应当合作研讨，开展跨学科写作教学并提高其质量。

3. 各科课堂应当运用现代技术来鼓励学生学习写作，并学好写作。

4. 课上应给学生提供大量不同类型和长度的写作练习，应把不同水平的考试包括的写作类型纳入其中。

5. 通过写作来拓展和加深学生对学科内容的学习，把《共同核心州立标准》提倡的读写素养融入写作教学中。

通过作者分享的这项研究成果，我们会发现，虽然很多学校和各学科教师都能够意识到写作的重要性，但遗憾的是美国中学在实际写作教学中还存在诸多不足。写作经常成为教学中被忽视的部分，其主要原因是标准化考试带来的压力。标准化考试对写作能力的要求并不高，这导致课堂上的大部分时间都不得不用来准备试卷上的内容。

书中成功的教学实例虽然来自少数的学校和课堂，但为不同学科的写作教学提供了宝贵的示范，证明了教师可以在自己的课程设计中平衡常规写作教学与备考的压力，这也让更多教师看到了提高写作教学质量的希望。可贵的是，本书重点强调了学校层面整体提高学科内部和跨学科写作教学质量的重要性，指出各学科教师的协作能够更有效地提升整体教学质量。除了具体教学实例外，书中还提供了很多写作教学的指导、提高学科写作教学质量的建议、借助现代技术教授写作的方法等。

本书突出之处在于它的前沿性。书中指出美国当下中学写作教育中普遍存在的挑战和问题，比如核心课程和写作教学的结合、对现代技术的应用、对母语非英语的学生和贫困学生的教学等。在本书中，作者把写作课程设计和全国教学指导文件《共同核心州立标准》联系在一起，用具体实例为美国学校21世纪的写作教学指明了方向。对于想要了解美国学校现阶段写作教学、渴望提升教学质量、希望学生在成绩上有所突破的教育政策制定者、教育学家、学校领导和一线教师来说，这本书有着相当大的参考价值。

### （二）《所有的写作都是讲故事》

《所有的写作都是讲故事》( *Minds Made for Stories: How We Really Read and Write Informational and Persuasive Texts* ) 的作者托马斯·纽柯克（Thomas Newkirk），担任新罕布什尔大学英文系教授、作文与语文教育项目主任，前后长达40年，同时还是暑期读写教育学院的创始人和主管，为美国培训了数以万计的写作教师。他继承了过程写作理论先驱唐纳德·莫瑞、唐纳德·格雷夫斯的理论，用自己的读写教学成果延续两人的影响，成为当今美国语文学术界倡导过程教学、对抗理论教条的代表性人物。

《共同核心州立标准》颁布后，美国写作教学和考试开始重视说明性、推理性写作，也就是说明文、议论文和论述文（Informational Writing, Persuasive Writing and Argumentative Writing）3种主要文体写作。在提高对以上3种学术性写作要求的同时，记叙文则被贬低为小学低年级学生才需要学习和练习的文体，理由是记叙文写作的内容过于生活化，对于高年级学生今后的学业和工作帮助不大。作者在本书中引用科学、医药学、科技和数学领域的精彩文章作为例子，驳斥了《共同核心州立标准》给写作教学带来的误区。他指出，读者之所以喜欢读这些学术文章，是因为每篇文章都不乏情节、人物和细节，能够吸引读者的注意力，激发读者的想象力，引发读者的共鸣。他进一步说明，讲故事是人类理解这个世界最初和最主要的方式，"叙述是人类心灵的一笔财富"，"它近乎一种本能"。这本书为帮助我们重新认识记叙，理解记叙文写作的价值，以及它在读写中的独特作用，提供了全新的认识角度和探索方向。

本书共有3个部分9个章节。第一部分"与我同行"，从读者角度出发，解释了怎样进行持续性阅读；从文字角度出发，解释了为什么有些文字惹读者喜爱；从写作者角度出发，解释了怎样抓住读者的注意力。前3章内容呈现了本书的主题，即学校轻视记叙文写作教学和叙事本身在人类意识中的重要角色之间的矛盾。

第二部分"传递信息的艺术"，共有3章。第4章分析了教科书写作的常见问题，说明了学生不喜欢读教科书，特别是科学和历史类教科书的原因。第5章通过分析医药学、科学、数学等不同学科和不同话题的学术文章中的叙事要素，证明了"所有的写作，都是叙事"。第6章进一步解释了"所有的写作，都是叙事"这一主题。通过取自《纽约时报》、医学文献、非小说类绘本的例子，作者表明，不管什么话题什么学科，以传递信息为目的的写作不仅是关于事实、标签和数字的，而且是"科学研究的过程，科学研究的精神，心里那一份痒痒的、执着的热爱，以及科学本身的美感"。

第三部分是"你想不到的地方，也有故事出没"。其第7章和第8章，引导读者注意议论文和用数字传递信息的文本的叙事特征。尽管这两大类文体的叙事特征不明显，但作者说："真实生活中遇到的问题，都有叙述的影子；而我们正是通过规划、进入、张力、解决方案——情节——一步步解构问题，完成转化。"如果没有这些叙事特征的存在，这些文章便会显得远离生活，读者会因此失去阅读的兴趣，难以通过联系自身经历去理解文章传递的信息。第9章，作者提出了3个概念。其一是阅读过程的空间概念。这一概念强调阅读的过程亦是理解的过程，这是对《共同核心州立标准》所强调的阅读是为了找到作者本意的反拨和纠偏。其二是严苛。严苛与乐趣相辅相成，一味地严苛是违背人类天性的。只讲严苛便是要求人们为一件违背自己本意、缺乏乐趣甚至没品位的事情付出长时间的努力。他相信"如果我们能保持心情愉悦，甩掉压力，处理难度大的任务也会变得事半功倍"。其三关于时间。做每一件事时，我们都应稳扎稳打，而不是急匆匆敷衍了事。因为当"我们感到时间充裕"，"会调整到最佳状态"，"这么一来，我们就能'住在'过程中，完完全全'在场'，但是这种情形在学校愈加'拥挤'的课业中，越来越少见"；而"好老师从来不急不躁，他们也不会让学生感到被催促"。

这本书论述了叙事写作的价值和地位，却是用故事、个人经历和幽默来叙述的。故事围绕学校对待叙事写作的态度和叙事在我们意识里的中心地位的矛盾展开。作者用精心安排的情节一步步带我们意识到故事的普遍存在，人类的意识总归于故事。故事的高潮便是读者最终看清楚故事才是我们生活中的"英雄"，但这位"英雄"被所谓的学术压制了。

作者在叙事的同时也在论述。书中所引用的不同学科和话题的文章都具有极强的说服力，并且体现了学术的严谨性。这本书易读，有说服力，有启迪性，让人爱不释手。作者在这本书的论述中呈现了自己独特的叙事风格，证明了叙事写作不是低级的，它可以有极高的学术性，可以很复杂，可以极具说服力。毋庸置疑，纽柯克这本既有艺术气息又有学理阐发的论著，优雅而强有力地为叙事写作正了名。

### （三）《在中学：读写工作坊的奥秘》

在美国，你很难能找到一本读写教学的著作，其中没有提到南希·爱特维尔，或是借鉴她的教学经验。1987年，南希·爱特维尔（Nancie Atwell）出版了《在中学：读写工作坊的奥秘》（*In the Middle: A Lifetime of Learning About Writing, Reading, and Adolescents* ），随后不断再版，美国历史上从来没有哪位教师的著作风靡30多年，成为广受教师喜爱的教学指南。

这本著作第1版295页，第2版546页，第3版640页。从第1版到第3版篇幅的增加可以看出爱特维尔把越来越多的教学心得充实进来，不断地改进、分享自己的教学实践。她告诉读者，第3版包含了80%的新材料和30年来她不断完善的教学经验。她坚持教学相长，坚持从学生那里、从自己的教学及读写经验中汲取养分，学习成长。2017年，爱特维尔退休。在这最新一版中，她把自己在实际教学中的所有材料都拿出来与广大教师分享。对读写教育来说，这是一笔宝贵的财富，比任何教科书都珍贵。

本书第1—3章是爱特维尔接触和学习工作坊教学的故事，以及教师怎样做教学准备、怎样引领学生熟悉这套教学方法。这3章中，作者奠定了教学的基调，开始建立与学生的联系，并帮助他们做好准备，使其能够参与到丰富的读写集体活动之中。

第4—5章包含了具体详细的教学程序及材料，还有帮助学生直面挑战、解决问题和满足学生需求的丰富技巧和方法。她用生动的教学事例详细讲述了她是如何一步步引导学生成为独立自主的阅读者和写作者的过程。

第6—7章主要谈如何对学生的阅读和写作给出反馈：在读写工作坊中，

这是最核心的教学策略。作者用具体的教学事例展示她是如何在一对一的辅导中引导学生，帮助他们找到写作重点，发出自己的声音并深化作文的主题。教师对学生的了解应是首位的。这两章的内容让读者看到，了解学生的读写历史能让教师知道如何教学、何时教学，该教什么、不该教什么，何时该提高要求或者适时地放慢速度。作为一名教师，爱特维尔对学生既严格要求，又温柔坚定。她从不接受马虎或者平庸的学生作业，但也注意不用过度严格的要求伤害学生的学习热情。她知道何时及如何敦促学生去发现和探索自己作为阅读者和写作者的全部潜能。她给学生时间、空间和指导，让他们稳步成长。作者采用了书信体读后感的方式来反馈学生的阅读，举办好书分享会来向学生介绍好书，这两种教学活动在美国教学界被称为"爱特维尔式教学"。这是她作为一个教师和专家所独有的、在读写工作坊中开展读写教学的奥秘。

第8章讲读写教学的评估，介绍了她评估学生进步水平的方法，实践证明能给教学带来正面影响。其中关键就是教会学生评估自己的读写水平。爱特维尔不为了考试而教，她的学生也不是为了分数而学习。师生一起设定目标，制订学习计划，选择适合自己的学习路径，来帮助每个学生成为优秀的阅读者和写作者。在这一章中，作者还表明她并非无视高风险考试，而是坚信高质量的教学完全可以帮助学生在考试中取得优秀成绩。作者也会在考试前给学生讲读题、解题和答题的技巧。学生的考试成绩证明了她的教学和评估方式既能够高质量培养学生的读写能力和人文素养，也完全能够帮助他们达到国家考试的要求，与全美的优秀学生比肩。

### （四）《人人皆可为优秀写作者》

凯利·盖勒格（Kelly Gallagher）的《人人皆可为优秀写作者》（*Teaching Adolescent Writers*）也是一本出自一线读写专家之手的精彩著作。与《在中学：读写工作坊的奥秘》相同的是，本书展示了一位教师的写作教学实践及其学生的读写成就；不尽相同的是，作者盖勒格无意在书中介绍他30多年从教生涯的所有教学经验，而是有重点地阐述了他所发现的当今美国写作教学中的重要问题，以及他对这些问题的应对改善之策。

本书共有8章。第1章用统计数据展示了美国中学生写作危机，随后列出了导致这场危机的10种糟糕的课堂教学，并给出了改善学校写作教学的6条建议。在第1章的结尾，作者列出了给学生解释写作重要性的8个理由，强调写作对学生当前的学业、对他们的未来、对国家的发展都有着重要的意义。第2章中，作者探讨了写作教学的首要问题：如何为写作和写作教学腾出时间。作者不单要求教师给学生写作的时间，还提出了具体的思路，让课上的写作能够契合学科学习，课下的写作能够与学生生活联系。

第3章强调写作教学的关键策略，即教师应该给学生展示自己的写作过程，供学生学习模仿。作者不仅解释了这种做法的理由和根据，也提供了多种教学展示的具体做法。例如如何在个人生活里找到写作话题，如何开展头脑风暴，如何聚焦关注点，以及如何根据不同的写作要求修改自己的作品等。

第4章讲的是教学展示。作者挑选生活中的好文章作为范文给学生学习。他相信只有接触和阅读优秀文章，仔细地研究这些文章成功的原因，然后在自己写作时模仿练习，学生才能写出好作文。作者逐步展示了如何甄选范文，如何帮助学生理解范文作者的写作技艺，以及如何把所学应用到自己的作文中。

第5章讨论了"自由选择"在写作中的重要性，让学生自己选择写作话题。作者认为，学生在写自己想写的话题时，才会全身心地投入其中。在这一章里，作者向读者展示了他如何从自己的生活中提炼写作话题，以及如何把看起来无聊的话题变得有意思、有意义，让学生能写出有洞见和深度的文章。这一章中有许多课堂活动和教学建议，可以启发学生的写作灵感，让他们从自己的生活出发，再延展到家人、朋友及周围的人。

第6章探讨了写作时要目的明确和有读者意识这两个重要问题。一般课堂写作的读者通常只有教师，而学生写作的目的也只是满足写作要求和取得理想的分数。本章详细讨论了就同一个写作话题，针对不同的读者群体和写作目的，文章的写法会各有不同。他采用实际生活中丰富的范文，说明如何帮助学生根据写作目的和目标读者来引导写作方向：应该采用什么样的形式、语气或话语模式以及如何修改润色等。

第7章讨论了写作教学中作文评估这个难题。作者展示了自己是如何用作文评估来激励学生提高写作水平、越写越好的。评估的目的不是检查学习成果，更不是惩罚。作者强调，作文评估是教学中重要的一环，应该根据不同学生的需求来具体处理。不论水平和起点如何，作文评估应该确保激励所有学生不断进步。自律、评分及评估规则的透明和民主，还有写作的挑战性和创新性，是作者评估学生作文的基本原则。

在第8章中，作者强调写作教学的关键点：学生要勤加练笔，作文量应是现有的一倍，写作应该全面覆盖学生的生活，包括课堂内外，包括语文在内的各个学科。

本书独特之处在于作者一针见血地指出了当前写作教学的关键问题。除此之外，佐以成功的实践，说明了问题的紧急性和重要性，提出了自己的建议、策略及解决问题的方法。作为一个有30多年教学经验的教师，盖勒格一直在加州和纽约两地的公立学校接触来自不同背景的学生。他对教学的探讨充满洞见，涉及的问题是所有教师都会面对的，提出的解决思路也切实可行。正如他在本书中倡导的那样，教师要对学生以诚相待：向学生展示自己的写作过程，与学生分享实际生活中的写作范文，而不应教"假作文"。盖勒格是真诚的，他向我们展示了如何处理真实的教学问题，如何面对现实中的学生需求，又如何开展生动活泼的写作课堂教学，真正推动学生的进步和发展。

## （五）《与高中生一起写作和思考》

与爱特维尔和盖勒格一样，潘妮·齐特（Penny Kittle）在《与高中生一起写作和思考》（*Write Beside Them: Risk, Voice, and Clarity in High School Writing*）这本书里分享了她珍贵的教学经验，独特之处在于，齐特用故事形式把那些教高中生阅读和写作的思路和技巧一个个串联起来。作者在这本书里注入了深厚的情感，书中呈现的是一个个真实的人，是一位教师在解决学生各种不同的需求时所遇到的困难，是学生在校内、校外生活中的苦与乐，是教师和学生共同学习与成长的经历。

本书共6章13小节。第1章探讨了写作教学的基本要素。作者分享了她对阅读、写作和教学的热爱，讲述了她对写作工作坊这一教学方法从陌生到熟悉再到坚信的过程，介绍了她写作课的结构。本书每一章都以讲述一个学生的故事结束。这些故事都是独特的，读者在其中既能领略齐特的写作教学风采，又可以了解许多美国高中生的读写生活。第2章是写作和思考，集中介绍了两种作文预热阶段的教学方法——写作笔记本和速写。作者通过描写自己每天的写作课堂和每周教学计划，向我们详细解释了这两种写作前期活动的做法和意义。

第3章主要关于写作工作坊。作者详细介绍了写作工作坊的结构和课堂活动。教师和学生每天在写作工作坊必做的项目，包括阅读、写作、讲课、分享和单独辅导在内的具体工作。第4章分别介绍了故事写作教学、议论文写作教学、与文学作品相关的写作教学和多文体写作教学。齐特的写作教学是从故事开始的。作者认为，只要学生学会了写故事，便掌握了表达自我的基本手段。议论文和文学分析性写作是美国高中课程的要求，作者把这两种写作和学生的实际生活经验结合，打开学生的思路，让学生有话可说、有料可写。学生在经历了以上几种文体的写作练习后，写作技巧大都会有所进步，这时作者引导学生开展多文体写作。在多文体写作大作业里，学生要尝试运用前几个单元所学的写作技巧，用有力的文字表达自己的思考。在第5章里，作者分享了自己教写作规范的心得。她通过描写自己的课堂实例，向我们展示了她是如何通过写作实践来教语法和行文规范的。重点强调学生不是通过死记硬背，而是通过实际运用来学习。没有人能够一次就掌握所有句法、词法等，但是可以通过每天在写作练习中应用，逐渐掌握这些规范。通过本章许多教学实例和技巧的分享，我们会发现，耐心和坚持不懈是作者给我们的最有效的教学建议。

第6章是有关写作评估的。与爱特维尔和盖勒格的理念相同，齐特也强调学生应当在评估作业和自身进步中掌握更多的主动权。评估不单纯是期末的一张"学期表现"或一个冷冰冰的分数，而是贯串教学和写作过程。在这一章，我们学到写作评估的具体方法和步骤：怎样给学生的草稿提建议，怎样给学生开展一对一写作辅导，怎样引导学生审读自己和同学的作文，怎样教学生在期末整理过去一学期的作文并写自我评估。这些都属于写作评估的内容。

本书最后，齐特强调了写作在我们生活中的重要性。她讲了一个悲伤的故事：学校里一位受人爱戴的老师突然过世，所有的老师和学生都通过写作来表达自己悲伤的情绪，对这位老师表达敬意，回忆与这位老师共度的时光。当然，学生不仅通过写作来表达悲伤和失意，而且通过写作加深了彼此的关系。写作使他们更加了解彼此。齐特用自己的、学生的，还有他们共同的故事，给我们讲述了自己写作教学的经历，这些故事深深打动我们。

除了故事性之外，这本书突出之处还在于齐特与学生一起写作。只要是她要求学生写的，自己都会写。她用自己的作文来引导学生熟悉写作过程，用自己的写作过程做示范，给学生讲她怎样苦思冥想找到好的开头，讲她怎样修改，讲她怎样在写作中表达个性。她总是写真实的故事，与学生分享如何发现自我、寻找自我，回顾过去的痛苦和自我迷失，反思现在的生活。在她的叙述里，我们看到的齐特是母亲，是朋友，是妻子，是女儿，更是一位优秀的写作老师。

美国中学写作教学有自己的传统、理念、追求和常规，与我们的写作教学不尽相同，有自己的面貌和特点。

读写素养（Literacy）是美国教师常挂在嘴边的一个词。这个概念表达了美国语文学界对语文课程基本内容和最终培养目标的认识。在写作教学中，这个核心概念具体体现在读写结合、真实写作、写作工作坊、过程指导、微型课、个别辅导、读者意识、多文体写作、项目学习、多元评价等诸多实践中。

下面我们尝试用关键词的方式，宏观地鸟瞰美国课堂的写作教学，尤其是过程写作的常规内容和做法，帮助读者从整体上更好地阅读、理解这套书的基本内容。

（一）读写一体的探索性写作

与我们写作教学培养学生写出一篇好作文不同，美国写作教学将写作看作一个学习的过程，他们充分利用写作，让学生展示自己的阅读思考，表达自己的阅读理解，以塑造自我，促进自我的成长，因此写作教学有比较鲜明的探索性指向。

读必须依靠写，不写就读不深、读不透；写必须依靠读，不读就写不成、写不好。美国阅读教学中有写作，写作中有阅读，以读带写，以写促读，读写结合，读写互动。这是他们单元教学设计安排的基本思路和模式。与我们教学中单篇课文的读写结合不同，他们更多的是整本书的读写结合。美国课堂上不少教师不用教科书，而是选择适合学生身心发展特点的文学作品（如小说等）开展教学。

教学一般包括3个阶段：第1阶段是作品的文本细读，通过批注、表格等方式深耕文本，研读细节，理清思路，挖掘内涵；第2阶段是批判性思维，针对细读中发现的问题，组织对话讨论，展开头脑风暴，问题驱动，让文本生发出丰富的创见；第3阶段是探索性写作，用写作展示自己的思考和创作，促进自我的成长。比如佛罗里达大学附中8年级的Jen老师，就采用这种"读写一体的探索性写作"。她教学的基本模式：阅读小说+给文本做批注+小组讨论+制作海报（把小组讨论内容放进去）+学生写初稿+教师写评语+学生修改+交第二稿。一般以一个"学习季"9周为读写单元，读一本书，写两篇文章。两篇文章文体上互相区别又互为补充，一篇是Creative Writing，是记叙类的；一篇是Academic Writing，是论说类的。一学年4

个学习季，周而复始。要说明的是，在美国Creative Writing与Academic Writing是一对写作训练的术语。前者是指创作性写作，后者指研究性写作，前者侧重想象和虚构，后者侧重概括和议论。这对术语大致概括了美国中学写作训练的两大基本能力培养指向。

### （二）真实写作

美国写作教学重视真实写作，以此帮助学生从虚假的写作中解放出来，培养学生真正的读写素养。

什么是真实写作？美国写作教学从两方面来展开思考。一是生活的真实。就是要有真实的生活需要，有自己想写的真实的写作内容，有自己实际的写作目的，还有具体的对象和读者，而不是为老师而写作、为分数而写作。二是写作过程的真实。就像生活中真实的写作过程一样。比如学生常以为作家一提笔就能写出完美的文章。这就不真实，因为完美之作是作家经过反复推敲、修改甚至推倒重来才写出来的。又如学生以为作家动笔之前就把文章内容和形式想得清清楚楚，写作不过是把心里的想法写到纸上的过程而已。这也不真实，因为作家写作的过程是一个不断修改、不断发现、不断深化、不断完善的过程。这些真实的过程，教师从来没有告诉学生。写作中应该让学生体会到如何可以把原来粗糙的变为完美的、把原来模糊的变为清晰的、把原来肤浅的变为深刻的，这也是一种写作真实性，而且是对真实写作更深刻的理解。

对于第一层意义的真实写作，美国教师做了很多探索。比如盖勒格在《人人皆可为优秀写作者》中介绍他的探索：他曾用专业餐厅网上评介文章做范文，教学生如何写餐馆美食推荐类的应用文章；用报纸上专业影评人的文章为样板，学习文章多样化的开头；用美国《新闻周刊》上的专栏评论文章为例子，学习运用议论文说理展开的逻辑组织结构；还把学生的优秀习作作为范文，在班级小组分享中观摩学习，不断进步。总之，利用各种具有特定目的、对象和情境的写作任务，推动学生写作进步。

第二层意义上，美国优秀教师的写作教学强调教师的写作示范，把自己写作的粗糙初稿给学生看，告诉他们老师写作中的挣扎、纠结、痛苦和对策，以及独特的思考过程，以此让学生理解写作的真实过程，帮助学生理解写作，提高读写的元认知水平，从而生成自己的写作策略和技能。当然，克服虚假性增强真实性的关键是"选择性原则"：让学生有多样的选择，可以找到自己感兴趣的话题、材料和表达方式，写出有自己观点的文章。正如盖勒格所说，"选择带来一系列鼓励学生的反应：学生从心底接受了写作任务，就形成了动力，促使他们写得更好"，"如果我们希望学生做好动笔的准备，就需要设计好课堂教学，使学生对要写的作文题有些发言权"。

## （三）写作工作坊

美国写作教学推崇"写作工作坊"这种教学形式。不是说有个专门的单独的教室叫"写作工作坊"，其实就是语文教师原来的教室，是在原来教室基础上改造而成的具有新的写作理念、师生互助、开展写作教学的空间。美国中学采取走班制，每个教师都有自己的教室，学生到点进来上课。教室除铺上地毯，摆上课桌椅，配备电脑、投影仪和电子白板外，教师会对教室进行个性化的具有学科特色的布置，如墙边摆上书架，配上要求学生阅读的图书，墙上贴满写作的提示和学生作品的挂纸。比如佛罗里达大学附中9年级Cody老师的教室就是这样。他的教室有七八张教学挂纸，营造了浓郁的写作氛围。其中一幅挂纸上写着：如何避免陈词滥调。内容是提醒学生写作时应注意纠正的造句行文的不良习惯，比如"不要用太多形容词""避免例如'基本上''像'之类的无意义的填充词""转折词、连接词要多样化，不要只用'并且''但是'""不要写'我认为''我觉得'""不要总用一个形容词或者动词"等。

写作工作坊"Writing Workshop"中"Workshop"表明不是像传统教室里的写作学习那样，教师讲、学生听或者一味让学生埋头苦练，而是提供一个自由、安全、有效、具有挑战性、能激发人写作激情和愿望的学习环境，安排独立的写作时间，教师示范指导，师生分享合作，帮助学生学习写作。这是一个真实的写作环境和写作方式，让师生置身其间，学习范文、讨论分享、打腹稿、修改、重读、编辑，甚至站起来伸个懒腰四处走走放松一下，请教同学朋友，感到沮丧时把写作先放一放……一句话，就如同生活中的写作者那样进行真实的思考和写作。

写作工作坊强调教师的写作示范。写作老师自己一定是一个写作者，而且必须像师傅一样，在写作过程中不断示范，把自己的写作过程展示给学生看，与学生并肩战斗，帮助学生进步。唐纳德·莫瑞说："如果你从来没有经历写作从痛苦到喜悦的过程，你就永远不懂得怎么去帮助学生学习写作。"因为你不会用一种"作者的眼光"去看待学生的作文，无法看出其中的技巧，于是就只能教套路。写作是挣扎，会写作的人才能帮助挣扎中的孩子。

（四）过程指导

"过程指导"源于美国的"过程写作法"（Process Theory and Approach），这是20世纪60年代末70年代初兴起的一种写作教学改革理论和实践，代表人物是美国新罕布什尔大学的教授唐纳德·莫瑞和唐纳德·格雷夫斯等人。过程教学重在过程，重在学生写作过程的指导。传统的写作往往关注的是写作前和写作后，如写作前指导怎么写，写作后怎么评分，而中间的过程得不到帮助，过程写作法重在过程的帮助，开始可以讲讲怎么选题、怎么构思、怎么打草稿，还可以讲讲遇到障碍写不下去怎么办，等等，教师帮助学生解决写作困难。它采用工作坊的教学方式，学生一边写，教师一边帮忙指导，而且一帮到底。这样"少写多改"——写的篇数并不多，但学生天天有进步，篇篇有进步。还有一点，强调多练。过程写作法认为学生练得太少，因此要天天练，时间要有保证。这对教师要求更高，教师不能像流水线上的操作工，因为每个学生的程度不一样，每个学生的困难不一样，好的怎么帮，差的怎么帮，中等的怎么帮，整体问题怎么解决，个别问题如何处理，教师要心中有数。传统写作是教师布置作文、批改作文，"过程写作"才是真正教学生写作文。

据艾坡毕教授和朗格教授在美国20多所顶级初高中的调查，过程写作在美国写作教学中广泛应用，"91%的语文教师经常在课堂上帮助学生在写作前拓展思路、组织观点，90%的教师经常在课堂上教学生如何构思、写草稿、修改和组织文章等具体的写作策略"。可见，这么多年下来，过程写作在美国中学写作课堂沉淀下来，成为写作教学的基本常识和共识。

一次过程指导包括：头脑风暴、选题、示范、初稿、修改、二稿、终稿、编辑、分享发布以及微型课和教师与学生的"一对一个别辅导"等基本要素。它不是一次完成、一步到位的，而是一个过程。每节课后，把作文放入自己的文件夹，统一管理。

整个过程大致分为4个阶段：1. 热身或者预写来帮助确定写作的主题和内容；2. 写多份草稿来组织发展思路；3. 编辑文字，解决写作规范层面的问题；4. 修饰润色完成作品。这不是一个直线发展的过程，而是一个循环的过程，写作者往往在几个阶段之间自由地来回穿梭，因此要写多份草稿，这是整个写作过程的核心，是学生最需要帮助和引导的地方，也是传统写作教学最忽略的地方。

《在中学：读写工作坊的奥秘》《人人皆可为优秀写作者》《与高中生一

起写作和思考》中有丰富的指导学生修改的精彩案例和反思，从中可以看出过程写作教学的重点和艰辛。

### （五）微型课与个别辅导

微型课是一种针对学生写作中遇到的困难而设计的简短而又集中的授课方式，一般就几分钟。写作教师就像教练，发现学生写作中遇到的困难和问题，就叫个暂停，三言两语，提醒点拨。微型课可以放在写作课初始，也可以放在中间。每次微型课专注一个问题，给出提醒或建议，帮助学生处理当前写作的问题。这要求教师密切观察学生，而不是依赖规定的教材和教案。当教师教学中发现需要向全班讲解的问题时，可以提前准备微型课，以便开展教学指导。

个别辅导是为了解决不同学生的个体需要。通常是在课堂写作时与其交谈。教师会走向那个举手寻求帮助的学生，或那个通过肢体语言看得出正在写作中挣扎的学生，花几分钟的时间，根据对每个学生和他们写作进程的了解，提出具体建议。一对一面授是个性化的，教师建议也因人而异。以下是在《与高中生一起写作和思考》中潘妮·齐特老师举的一个课例。

学生凯拉决定写一篇祖母过世的作文，齐特老师分7步对她进行一对一个别辅导。第1步：思考话题和结构。凯拉告诉齐特老师，她想借鉴亚历克西在《我的印第安教育》中的写作手法，每学年选一个场景描写。祖母去世前后一共3天时间，凯拉想按照早上、中午、晚上的顺序把每天写下来。齐特老师鼓励凯拉不顾一切先写出第一稿再说。第2步：第一稿的评语。读过凯拉的初稿后，齐特老师在笔记本页边处留下了评语，第2天把笔记本还给了她。评语中老师赞扬了她写得好的几个地方，也建议她删掉一些地方，并且提出了应该思考的问题。第3步：快速查看。看凯拉是否理解老师的评语，是否需要帮助。第4步：第二稿的评语。老师发现凯拉交上来的第二稿未进行任何修改，决定下次课找她谈谈。第5步：课上辅导。老师指出凯拉被原来预设的早上、中午、晚上的故事框架束缚住了，没有写出什么重要的事情。齐特老师说："凯拉，你讲的故事很重要。你告诉过我失去祖母对你打击很大，但你的读者并没有感受到这点。他们试着跟随你，但是很快变得迷茫。就像这个地方……你这篇作文里的第一个场景是你和妹妹早上起床，吃过早餐后开车去医院，这样的场景看不出重要性在哪里。"她接着说："这个地方，你走进房间，听到祖母发出的咕噜咕噜的声音，看到她脸色苍白……这里的描写很紧张，可以看得出这个场景很重要。如果你想让读者感同身受，得好好想想怎样组织语言。你要尊重读者的时间，把所有无关的部分都删掉。"最后她说："没人关心你去医院前刷了牙，包括你自己。但是在第一稿里你要把这些细节都写下来，这样才能把自己带到那段回忆里，然后记起对自己来说重要的东西。这些细节描写很关键，并不是在浪费时间，但现在你不能手软，要大段删掉无关的细节来突出重点。我知道你一定能做到这一点。"辅导不过5分钟，5分钟乘以10个旁听的学生，取得很好的效果。第6步：凯拉做了相应的修改。第二稿由4页变成了2页，而且读起来顺畅了许多。第7步：把凯拉的写作过程作为教学范例。老师让凯拉在全班同学面前讲述她的写作过程。凯拉写作进步的过程也成为齐特老师的一次微型课内容。

### （六）目的意识与读者意识

美国写作教学认为：写作教学的本质是修辞，即培养学生根据场合、目的、读者选择决定写作的文体、结构和语言的过程。在美国写作教学中，写作目的和读者意识是确保写作的真实性的两个关键点，平时写作教学中教师很注意这方面的培养，因为目的不同、读者不同，决定了写作内容的取舍和行文的策略，塑造了写作者的表达方式。为了帮助学生理解真实生活中读者的重要性，他们不仅在过程指导中让学生互为读者，互批互改，通过读者的反馈，增强效果体验，强化读者意识，有的老师还设计了写作练习提升学生这方面的能力。

《人人皆可为优秀写作者》中，盖勒格提到，9·11事件后，布什政府在美国国内加强了通信监听的范围和力度，舆论议论纷纷。盖勒格从《纽约时报》节选相关社论文字："让我们对这件事有一个清楚的认识：对美国人民的非法监听活动是对公民自由的侵犯，无论是否处于非常时期。真正尊重宪法与相关法律的人谁也不会不明白这一点。法律管辖国家安全局是在越战以后写成文的，因为政府把公民列入可能威胁国家安全的黑名单来监听……这种对公民自由权益打擦边球的做法是毫无益处的。"他要求学生从"为什么要写这篇文章"和"目标读者是谁"两方面展开分析，头脑风暴后学生回答。第1问，学生认为本文的写作目的：批评总统的行为、为反对总统行为获取公众支持、用批评声试图阻止这项举措等；第2问，学生讨论后认为文章的目标读者：纽约民众或其他地区阅读这份报纸的读者、法律制定者、投票者、批评这项举措的民主党人士、摇摆不定的共和党人士。

盖勒格还引入生活中的真实事件开展写作，让写作成为充满目的意识和读者意识的自觉社会交际行为，以提高学生的写作能力。当得知加州政府准备取消"桥梁工程"项目时，盖勒格和学生一致决定给州长写信，陈情劝说，由于学生"坚信自己的写作目的（表明他们要拯救这个项目的立场），知道自己试图影响目标读者（在这个例子中是州长）的看法激发了他们的写作动力"，他们从网上收集材料，用T型表格记录辨析正反方的观点，打草稿，反复修改，寄出请愿信，使项目得以保留。这样做，学生不仅完成写作任务，而且在实践中培养了解决生活问题的能力。

### （七）多文体写作与项目学习

所谓"多文体作品集"就是把几种文体糅在一起，依据生活情境和能力发生的先后，确定几种文体训练的顺序，每一种文体教师先示范，学生尝试写作，反复修改，然后分享学习，再进入下一种文体的写作，一个专题写作过后，各种文体都巧妙地糅在里面，得到比较充分的写作训练。

译丛中有个7年级学生的多文体作品很经典。这个学生对恐龙很感兴趣，写的就是恐龙中的一种——翼龙。他从高速公路工地炸山发现怪物翼龙写起，先给翼龙写了段素描，然后写了首《无人生还》自由体诗歌，接着是对幸存者的采访对话，以及翼龙袭击凤凰城的新闻，又写了有关翼龙的百科全书词条，还配上了自己的漫画，展示翼龙被抓捕的过程；接下去想象翼龙生活在动物园里，生活习性怎样，怎么饲养它照料它，它吃东西要花多少钱，喂食应该注意什么，写了篇说明文；还写了一个通知，告诉游客什么时间可以来看翼龙；还以动物园饲养员的身份写了一组日记。这个学生用记叙、抒情、说明等多种表达方式，涉及的文体有神话传说、诗歌、对话体故事、素描、意识流片段、新闻报道、百科全书词条、图表说明文、日记等，还配有漫画，形式十分丰富，充满大胆的想象和创造，把知识、想象和多样的文体糅在一起，相互衔接照应，形成一个整体，表达自己学习探索的收获和成果。

有位教师围绕"殖民主义"话题开展多文体写作。她指导学生阅读美籍尼日利亚裔作家钦努阿·阿契贝的《崩溃》（*Things Fall Apart*），然后依次指导学生学习诗歌写作、寓言写作、作文结尾想象改写和有关的议论文。教师先教学生怎么写诗歌，怎么选择意象，怎么处理分行节奏韵律，怎么运用细节；再教他们学写寓言，指导他们如何运用具体的事物来象征比喻，还教他们怎样富有创意地改写结尾，最后则是指导学生概括论点，寻找论证材料，写一篇有关殖民主义的议论文，表达对殖民主义的认识……写作结束，装订成册，每个人编成一本作品集，配上照片。最后一堂课，每个人拿出自己的作品，交流分享。前后花了7—8周，教师每周拿1个多小时来指导，帮学生修改。这样过程就出来了，互助合作也有了，提升了学生的认识，也构建了丰富完整的写作经验。

多文体作品集体现了美国教育中常见的项目学习的特色。不夸张地说，美国大中小学生是伴随着项目学习长大的。美国课堂中，经常看教师在白板上写Review Project。这里的Review，是做一个东西看一遍再看一遍、审查一遍再审查一遍的意思，要反复来完善，是一段时间磨出来的。Project可以翻译成"项目"或"任务"，但不同于我们通常讲的"作业"，不是简单的教师布置学生完成的作业，而是有一个项目课题，有一个真实完整的探索、发现、解决过程：在生活中真实问题驱动下，在生活中真实需要的情境中，学生自主选择课题，探索研究，挑战自我，同伴互助，解决问题，有自己的独特设计、方案和成果，有所发现，有所创新。

### （八）多元评估

中国教师常用的写作评价手段主要以分数+评语+讲评为主，也开始出现个人自评、学生互评、小组讨论和班级分享等多样的形式；美国教师常用的方法以学生自评、学生讨论为主，辅以教师写评语、打分、讲评等形式。中美写作教学都以鼓励学生发展为原则，但中国教师更在意对作文审题的正确、立意的新颖、文采的出众的评判；美国教师除作文质量外，更关注学生自主完成写作的过程，以及学生写作的收获和发展。相比较而言，美国写作教学更加多元。这种多元也体现在评价手段和方式的多样化上。

美国写作教学注重过程指导，如学生打草稿、个别辅导、多次修改过程指导，以及对学生作文作出反馈和评估，因此教师虽然也打分，但并不太把分数当回事。他们重视设计学生自评表，引导学生反思自己的写作过程，内化写作知识和技能，提高写作能力。下面是《与高中生一起写作和思考》中潘妮·齐特在写作单元结束时给学生的自评问题：

告诉我你的写作过程——从开始到结尾，你是怎样写作的？

哪篇范文对你的思考和写作影响最大？

你在这篇作文里运用了哪些叙事手法？解释一下你作文中的注释。

（这篇作文里哪些是生动的细节？哪里是你真正的声音？哪些句子结构的巧用增加了语言的韵律？）

你写这篇作文时从别人那里学来了什么？可以是一个同学、一个读者或草稿上的评语等。

这篇作文还有哪些不足？如果你还有几个月的时间可以完善这篇作文，你先要修改哪个部分？

给自己打一个分数并解释为什么打这个分数。对比自己作文中的写作要素和课上我们共同想出来的叙事要素来解释。

书中不仅有这类总结反思性的自评，还有许多具有创意的评估形式。下面是《科里奇维中学写作指南》中7年级的开学写作作业，要求学生回顾小学写作学习的过程和收获。它以毕业校友的一段话为引子，以饶有兴趣的老师为读者发出邀请，给学生一个写作的明确理由并且鼓励他们分享自己作为读者和作者的感受。这个写作任务设计很巧妙：既训练了写作能力，又是一次难得的对写作的自我评估。

## 给教师的信

**反思**：即认真思考；仔细回想、认真思考过去发生过的事情。"即便这个世界看到我的只是表面，我也会永远用笔和纸表现我的'真我'，让我的灵魂比我的眼睛更加耀眼。"

——引自一位校友的信

**写作背景**：写作可以让读者对我们了解更深。为了让我更好地了解你是怎样的读者和写作者，希望你回顾自己在小学和6年级时的阅读与写作经历。可以从以下话题考虑（当然你还可以增加自己喜欢的话题）：

- 写写你在6年级的写作与阅读经历。
- 可能在4年级时你已经完成很多写作了，那就写写你那时的写作经历，以及从1—5年级的写作经历。
- 把你小学的写作经历和6年级的写作经历做个比较。
- 写写你作为读者和作者的优势与短处。
- 回顾你的阅读能力和写作能力是如何培养起来的。
- 阅读对你写作有帮助吗？说明它是如何帮助你的。
- 今年你在阅读和写作上有什么目标？

- 你如何写作？用的什么方法？在哪里写作？有哪些灵感？受到过哪些启发或特别的影响？

**写作题目**：给老师写一封信，讲讲你作为读者和作者的成长反思。

**写作注意事项**：

- 开篇有力（如列表/单、引用他人的话、逸闻趣事、事实或数据）
- 组织自己的思路（如段落、过渡语）
- 展开并支撑你的观点（如感官、形象的动词、"快拍"等）
- 句子的多样化
- 结尾有力
- 修改与编辑

这个写作设计把写作内容、写作提示、写作支架和写作要求融为一体，既提供了写作情境和任务，又明确了评价的标准和要求，帮助学生通过写作反思总结，促进自我的成长，提升写作素养。

## 三

最后，介绍这套译丛翻译出版的背景、过程及我们翻译中需要说明的重要事项。

2016年2月曹勇军老师应邀赴美国佛罗里达大学教育学院，做傅丹灵教授的访问学者，开始为期半年的学习研究生活。动身之前，上海教育出版社何勇先生联系曹老师，希望利用访学机会，与傅丹灵教授合作，引进翻译一批美国中学写作教学的经典著作，为国内语文学界新一轮语文教学改革提供域外的思想资源，也弥补国内出版界域外中学写作教学系统引进的不足。傅丹灵教授依据她长期在美国的教学研究和积累，选择推荐了5本著作。这5本书中既有中学写作教学最新的理论研究，又有调研报告，还有一线写作教学的实践成果，基本反映了当前美国写作教学的整体面貌和水平。傅丹灵教授草拟了出版计划，得到上教社同意支持后，我们组建了7人翻译团队，由傅丹灵教授和曹勇军老师担任主编，由傅教授已毕业和在读的博士担任翻译。我们召开筹备会议，对加盟的翻译人员进行分工，确定完成任务的时间节点，并结合翻译工作展开培训。

每位译者先试译2—3章，由傅丹灵教授负责审核原文，曹勇军老师负责把关中文表达，一稿两过，逐句审读批改，然后发还译者，修改完善。根据译文中暴露出来的问题，我们又设计了"翻译体例"，梳理了"术语词汇表"，分别从人名、核心术语、标点使用、注释体例、图表翻译、典型误译，以及怎样使译文符合中文表达习惯等诸多方面，培训指导，审核把关……到2016年8月曹勇军老师结束访学时，我们拿出了这套译丛的初译初审稿。在美国佛州那些炎热的夏日，团队所有成员奋笔疾书，沉浸在高强度快节奏的工作之中，那时而艰难时而快乐的创作经历至今难忘。

2017年上半年和下半年，傅教授和曹老师又两次组织翻译团队，认真审核，精心打磨，如是三遍审校，才稍稍放心。其间备尝辛苦、琐碎和纠结，不足为外人道。翻译界历来有"信"（准确）、"达"（顺畅）、"雅"（优美）之说，三者兼顾是高标准、高境界，需要我们不断追求攀登。但具体操作起来，我们翻译的原则是，先力求"信"和"达"，而后尽可能追求"雅"，即先确保译文质量过关，做到准确明白，顺畅易读，然后看能不能动动脑筋，试着传达出原文的意蕴。虽然未必处处做到中西一致、形神一气，但追求的宗旨始终坚持未变。

翻译中我们遇到不少困难，主要有三个方面。第一，对西方写作教学中一些核心概念的准确理解。这些概念可虚可实，可大可小，在上下文语境中含义灵活多变，但它很关键，代表了美国写作教学的价值追求，如不能揭示其中精髓，往往会使我们误读，轻者隔靴搔痒，重者无法理解。比如"Literacy"一词，在不同语境中，有时须译成"读写素养""读写能力"，有时又须译成"读写技能""读写方法"，有时甚至得翻译成"人文素养"，等等。不可胶柱鼓瑟，简单套用。又比如"Voice"，原意是"声音"，但在不同语境结构中，又可理解为"口吻""腔调""调子""风格"等，甚至还有"个性""独创"等丰富的含义，需要细加辨别，把握精神实质，方能准确传达。

第二，对写作教学、写作课堂中个性化习语的灵活处理。这些习语是教师写作教学智慧的结晶，是写作教学艺术的精华，融写作的思维、情感、过程、技法为一体，富有个性创造的色彩。但这些习语比较生活化，不细心辨析，不容易译出它的特殊意味。这样的例子在几本论著中表现得特别明显。比如爱特维尔《在中学：读写工作坊的奥秘》中有一节"只写这颗鹅卵石"（write about a pebble），说的是写作要选择运用"看得见摸得着的""细节描写和强有力的动词"，"给细节带来生命"。这是爱特维尔老师个性化教学的秘诀，如果翻译成"只写一颗鹅卵石"，就意味顿失。又如，在写作遇到困难时，爱特维尔喜欢启发学生说"so what"，最初译为"那又怎样"，经傅教授启发才明白过来，它的意思是"意义何在"，是爱特维尔和学生一起追问选材和构思的价值时的一句教学口头禅，推动学生深入挖掘作品的主题和情感深度。这样的例子还有很多，翻译就是寻找"这颗鹅卵石"艰苦的过程。

第三，怎样使译文符合中文的表达习惯。5本书的译者长期在美国学习生活，学的是英文读写教育专业，英文能力毋庸置疑，但她们脱离母语生活环境，汉语生疏，翻译中不免出现翻译体。什么是翻译体？"学生成为写作高手的可能性才能被最大化"，这就是翻译体，死抠原文，不符合汉语表达习惯。同样的意思，我们汉语是这样说的："学生才最后可能成为写作高手。"简简单单，入耳入心。同理，"实际上，我是一个更好的示范"是英文的表达方式，换成汉语表达，则应改为"这样我可以更好地示范"。简洁明了，一听就懂。在准确理解原文的前提下，怎样做到让译文顺畅易懂，我们颇花费了一番心思。我们采用"读"的笨办法，在读的过程中，辨析修改那些不通不顺、通而不顺、顺而不通的译文，不惮反复斟酌修改。英文多长句，意思层层镶嵌，极有逻辑和分析力量。我们把长句拆成短句，找到锱铢悉称的汉语表达形式，尝试各种汉语组合，熔铸成顺畅新警的全新表达，追求精练简短、浏亮清畅的汉语本色。顺利时，内心充满愉快，但很多时候，则是历经艰辛，心犹不甘，却难以找到完美的汉语表达方式，心情为之悒悒不乐良久。我们审稿修改多在傅丹灵教授家中，往往从吃饭时分的气氛，便可看出一天工作的进展。

有必要说明译丛翻译的选择处理。考虑到《在中学：读写工作坊的奥秘》原著篇幅巨大，加之作者介绍的文体教学与我国现行的中学写作教学不一致，在与作者爱特维尔商量后，经她同意授权，我们采用节译的方式，只把第一部分完整翻译出来，第二部分则未译。其他4本，则是全本。

书名的翻译赘述几句。在这套译丛审校过程中，何勇先生提出建议，希望根据中文读者尤其是广大一线教师的阅读心理和习惯，放弃简单直译的常规办法，在原书名的基础上适当改写，使书名简明突出，让人一读就能抓住关键，留下较深刻的印象。现在的书名是我们与编辑反复讨论后商定的，既保留了原来书名的精华，又突出了该书独特的学术内容，既符合母语的表达习惯，朗朗上口，又彼此呼应，形成一个系列和整体。比如南希的《In the Middle: A Lifetime of Learning About Writing, Reading, and Adolescents》，我们原译作《在中学：用一生学习写作、阅读和青少年成长的奥秘》，虽然传达出原书名表达的意涵旨趣，但不大符合中文表达习惯，改写后的书名《在中学：读写工作坊的奥秘》，则化繁为简，探骊得珠，简洁通透，方便读者快捷抓住书的核心内容。又如纽柯克的《*Minds Made for Stories:How We Really Read and Write Informational and Persuasive Texts*》，我们原先译为《心由故事而生：说明文议论文背后的故事之根》，现在则浓缩为《所有的写作都是讲故事》。这既是这本精彩的写作论著的核心观点，也是其对于写作教学的价值所在，改写后的书名让人一看就懂，纲举目张，引发阅读的好奇，更有利于学术思想的传播和实践。当然，这种新的探索和尝试，究竟效果如何，读者是否接受，还有待于读者的评判。

一次引进多部写作教学论著，每本书体例不一，风格不同，给我们的翻译工作带来不小的挑战，而且持续时间长（前后1年多），耗费巨大的心力，幸赖翻译团队成员同心协力，团队与原作者及中方出版社精诚合作，始克万难，竟收全功，我们的内心充满感激！我们要对翻译团队所有成员表达感谢，感谢她们富有智慧的劳作。我们还要对原著作者表示感谢。得知自己的著作将在中国大陆出版，5本书的作者都很高兴，应约提供了自己的照片，撰写了《致中国读者》，表达喜悦的心情和美好的祝福。最后我们还要感谢上教社何勇先生，感谢他的前瞻眼光和对我们的信任，感谢上教社编辑团队付出的劳动，让这套书能一次性推出，为国内语文教学改革和研究提供一手研究资源和成果，填补了空缺，了却了心愿，让人万分欣慰！

我们深知这套书量大面广，我们水平能力有限，翻译中肯定有这样那样的问题，恳切希望读者朋友批评指正。

傅丹灵　曹勇军
2019年7月2日　识于
中美读写研究中心

**托马斯·纽柯克**

托马斯·纽柯克（Thomas Newkirk），新罕布什尔大学英文系教授，作文与语文教育项目主任，美国著名的读写教育家。2015年退休。现担任海涅曼出版社编辑和当地学校董事会主管。

纽柯克与过程写作理论的先驱者唐纳德·莫瑞、唐纳德·格雷夫斯是好朋友，长期合作。他继承他们的过程写作教学理论，用自己的读写教学探索延续两人的影响，成为语文学术界倡导过程教学、对抗传统教条最具影响力的声音。

他所写的每一本书都具有相同的效果：促使你去思考，以不同的方式思考，以颠覆传统的方式思考，以超越主流的方式思考。例如，当用女权主义视角研究女孩成为读写教育流行的课题、流行文化是否应当在儿童教育之中占有一席之地遭到质疑之时，纽柯克出版了他的《误读男性：男孩、读写与流行文化》一书。在该书中，他以个人视角近距离研究小学男生与运动、影视、电脑游戏以及其他流行文化的关系。与危言耸听派不同，他认为现代传媒不是男孩读写的大敌，而是其资源。如果我们希望男孩能加入读写俱乐部，我们就得邀请他们使用他们自己乐于选择的读写体裁。在该书中，纽柯克邀约所有的教育者思考是不是我们的教与学更偏向女孩的学习方法，造成了很多男孩在学校表现不佳的问题。

他是对抗学术圈风暴的思想家和研究者。当语文圈内普遍提倡将流利阅读作为一项主要的阅读能力时，他出版了《慢速阅读的艺术》，提倡与速读、快速浏览、浅层理解相反的深度思考和反复重读；当记叙文写作被贬低为低水平的写作时，他出版了《所有的写作都是讲故事》，强调叙事是人类思考、看待世界、表达自我最基本的方式。纽柯克不单提出了他特立独行的观点，而且提供了有力的佐证、丰富的数据、参考文献和富有说服力的论证。

他被学术界视为"不惧风暴的明灯"，照亮了读写领域的茫茫大海，防止人们被极端的风浪卷走。作为美国写作教学的领军人物，他继续以自己犀利的学术头脑、具有鼓动性的思考和先见之明震撼着这个领域。

我们先来看一下葡萄糖分子的结构：

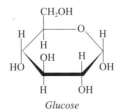

*Glucose*

葡萄糖是我们人体能量的主要来源，当这一重要化学物质在我们体内消耗殆尽之际，我们的身体会向我们发出信号。我们会变得焦躁易怒，疲惫不堪，饥饿难忍，视线模糊，哈欠连天——如果情况严重的话，我们甚至会晕倒在地。身体疲劳主要是因为消耗了葡萄糖——我们的神经系统也会消耗大量葡萄糖，"精神上的过度操劳尤其耗费葡萄糖。"（卡尼曼，43）

如果你读过一本味同嚼蜡的课本，或是深奥难懂的专业文章，或是为了一道代数题使尽浑身解数，你一定对上面这句话感同身受。这种情况下，我们会寻求某种方式让自己清醒一下——喝一杯咖啡，去自动售货机那吃点零食，或是掏出手机刷刷微博。

现在我们来读一读学术文章，感受一下葡萄糖在体内的快速消耗。比如我的研究领域内一位大咖写的以下这段文字，即便只读两句话也能迅速燃烧你的葡萄糖：

在政治概念上的引申包含了意识形态上的概念，然而，这一引申本身的意识形态就与被人广泛接受的意识形态相悖。在广泛被人熟知的意识形态里，这一意识形态上的问题恰巧被认为是错误的意识；政治上的概念仅限于治国才能或是攫取个人利益的诡计；然而意识形态、政治、权力有时尽管如此，但也并非任何情况下都如此肮脏不堪。

我不知道这两句话翻译成中文如何，但是请相信我，英文原文读起来也一样佶屈聱牙。我们得费好大的劲理解其中的抽象概念（比如"意识形态"）。

阅读这样的学术作品耗费了我们体内大量的葡萄糖，尤其是这么可怕的文字每段居然常常长达五六百字。如果你读不下去，或是读得意兴阑珊，那绝对不是你本人有问题或是你意志不够坚定，而是我们身体自然的化学反应。因此，我总会提醒那些写书给老师们看的作者，你们的读者群是教了一天课还没读你的文字就已经疲惫不堪的老师们。

作为一名学术写作者，一想到读者有多不喜欢学术书籍我就痛苦不堪：学生们习惯把书分成创意型作品，以及毫无创意读起来干瘪吃力的作品。还有一件事也让我很痛苦，那就是我们教学术写作的时候，总是把它最差劲的一部分教给学生——枯燥无味，不近人情，小心翼翼，引用过度。学生们被禁止使用记叙的手法写学术文章，殊不知记叙恰是那些拥有大批读者的学术作家常用的写作手法，比如麦克·波兰、多丽丝·柯恩·古德温、史蒂芬·格林巴特，等等。

史蒂芬·平克，也是一位有着广大读者群的作家，他在《写作风格意识》一书中批评了一些学术写作者。平克提醒我们，我们的大脑是忠于视觉的；我们善于运用视觉，也依赖于视觉。这就是为什么忽略视觉的写作方式——没有事件没有人物没有行为——难以阅读的原因。平克倡导的写作方式基础是视觉叙述：

> 叙述手法能够展开情节，而情节中有真实的人物和行为，这样一来，通过叙述事件，文章的主旨就会更为清晰。若生硬地给一些抽象概念命名，并把一系列事件压缩进一个词语中，读者的理解一定大打折扣。

或像诗人罗伯特·弗洛斯特所说，"文章好比戏剧。好的文章无须追究它究竟文体为何，它要么是戏剧，要么什么都不是"。即便不是诗歌、戏剧或是短故事，写作也应该具备戏剧性的结构，以及情节。倘非如此，读来必然淡乎寡味。

我知道一定会有人跳出来反对：你所说的适用于那些创意型纪实类作品，但对于研究型报告或是学术型研究来说并不适用。毕竟后者写作对象是概念和数据，而不是具体的人物。然而我依旧坚持认为，优秀的学术写作是包含戏剧性结构的。这种结构是深埋在文章之中的。比如，文章讨论了某个尚未探索的问题，一些数据与已被广泛接受的理论相悖，一些研究对象被忽视了——总之，麻烦出现了。这个麻烦就好比瘙痒需要挠，疑问需要深究，迫在眉睫。在一篇学术文章中尽早埋下这种张力，能推动读者往下阅读。

　　除了给学术写作正名之外，本书也对美国学校中记叙文的分类方式提出了质疑。一般我们把写作分为三种形式——记叙文、说明文和议论文。我认为，这种形式的分类就是哲学家口中的分类错误——好比我问你，你想吃水果还是甜点。分类的标准不同导致选择错误。如此分类写作形式也是同样的道理。记叙并不是一种写作形式：它是人类理解力最为重要的模式。我们与生俱来就有爱听故事的天性。故事能强化任何写作形式，在其中创造一种连续性，让读者读下去。事实上，记叙能让我们加强记忆信息的能力，因为我们更容易对故事中的人物投入感情。

　　当我着手写这本书的时候，觉得"所有的写作都是讲故事"这种说法太过尖锐。我感觉自己如履薄冰。我甚至怀疑大家接受不了如此极端的言论。但是当我开始为这本书的写作积累素材，顺利写出一章又一章的时候，看似尖锐的观点似乎越来越顺理成章。我的顾虑完全颠倒，我开始担心我写得是不是太过显而易见了。大家都知道，毕竟，我们连做梦的时候都是在制造故事。我们的核心身份——家人、公民、教徒——都深埋在故事与寓言之中。对于那些把推论与逻辑看成最高形式存在，而仅仅把故事当作一种娱乐形式的人而言，以上的言论或许与其信念背道而驰。但是我的英雄蒙田告诉我们要直面人性本能，不要寻求不属于我们的特性："即便我们踩着高跷，我们仍要靠自己的腿走路。"没有什么比需要故事更接近我们的天性了。

托马斯·纽柯克

1

与我同行

# 第一章
## 持续性阅读

> 时空变换，山长水深：吾与汝同在，今辈男
> 女，抑或数代之后；我亦如此——归去——吾
> 与汝同在，并洞悉一切。
>
> ——华特·惠特曼《布鲁克林轮渡》

我们的人生观、价值观得益于我们的人生故事，童年，是故事的开端。这本书也是如此。作为开场，我来讲两个故事。

我父亲是一位生物学家，准确地说，他是一位昆虫学家，是我们地区的昆虫专家。有时我们会接到俄亥俄州当地农民的电话，说是有虫子需要我父亲去鉴定一下，那我们就得去萨瓦纳，一睹天蚕、月蝶，或"圆蛛科"的风采。说到"圆蛛科"，那可是600种俄亥俄州蜘蛛中的一种。

"二战"期间，我父亲被派驻太平洋战区，他在那儿给士兵们普及奎宁知识。奎宁可是疟疾的宿敌。也是从那个时候起，我父亲开始了他一辈子都兴趣盎然的研究：蚊子。我们问父亲他可曾吃过枪子，他倒是说了一个为了寻找某种蚊子而差点被自己人打中的故事（这算是哪门子战争故事呢）。

"二战"之后，身为大学教授的父亲开始研究起捕食蚊子的昆虫们。整个夏季，他都要背着他的行军包，呼唤我们家的达克斯猎狗向莫斯山挺进，那里离我们住的地方很近，又有一片树林。他一进入那阴暗的树林，就能天赋异禀地将注意力集中在树枝末梢，不多久便能发现舞蝇或是盗蝇，后腿抓着捕到的猎物——昆虫。他即刻清空一只花生罐，把昆虫甩进罐子里，放走舞蝇盗蝇，之后再以它们捕获到的昆虫种类分类（双翅目、鳞翅类、甲虫类等）。我们家的科学，从不是了无生机的事实和数据，而是生机盎然、妙趣横生的体验。

我父亲喜欢的科学类文本作家们，他们的文字都有着这种盎然的生机，引人入胜得如同文学作品一般，其中最为著名的就是《昆虫记》的作者亨利·法布尔。法布尔拒绝使用所谓权威科学的学术风格来创作。他甚至"召唤"了昆虫们为他的写作方式辩护。

来，来来，对，就是你，咬人的小东西，还有你，长着翅膀载着铁甲的小家伙，你们都来帮我辩护，做我的见证者。告诉他们，我与你们多么亲密，我观察你们时多么有耐心，我是如何小心翼翼记录你们的行踪。对啊，你们的证词多么一致：是的，我写下来的文字，虽然并无冰冷的公式点缀，也并非那些肤浅的众人熟知的理论，但是我写下来的文字，我记录的故事，正是我观察到的事实。（1913/1964，17）

我小时候读到的科学文本的文风，就是这样的。

我的第二个故事，关于时间。作为人类，我们纵横于时间之中，我们的存在其实就是一个不断发展的过程。如果我们无法感知时间的流逝，便会陷入无尽的混乱之中。几年前，我深刻体会到能够感知时间，对于人类的生存是何等重要。我的母亲，在她九十多岁的时候罹患了老年性记忆丧失症，如此一来，她也丧失了对时间的感知。她在清晨醒来，却无法确定这是一天的开始还是结束。母亲一生都非常守时，她此时却无法确认是否赴了发型师或医生的约，她也无法确认是早上还是下午。

我弟弟尝试给她买了许多大钟，这样她就可以在房间里摆满大钟，但是也没有用，因为母亲已经忘记3点究竟是一天的什么时候了。失去对时间的把控带来的后果就是无尽的恐慌、混乱，她会在半夜惊醒，然后恐惧地尖叫。

记忆丧失症，也会造成另一种形式的时间失控，母亲也未能幸免。尽管母亲能记得20世纪20年代装在她俄亥俄州出生地家里的第一部电话的号码，她却记不清最近发生的事情。她到底看没看《教父2》呢？她吃药了吗？和所有住在护理所的人一样，母亲非常害怕丧失所有的记忆，害怕忘记亲友。我的同事兼挚友唐纳德·莫瑞，曾向我描述过一个让人心碎的清晨，他的妻子醒来，盯着唐纳德的脸，然后问，"唐纳德在哪里？"我们年迈的双亲，他们的岁月逐渐凋零，令人感到无比悲伤。

我们与时间相遇，我们在时间中感受我们的生命，我们通过讲述一个又一个人生的片段故事，让时间的流逝有了形态与意义。人类就是如此。我们对历史、对科学、对国籍、对我们逐渐衍生出的"自我"的理解，都建立在时间之上——"我们生命中的故事，构成了我们"。

你将要读到的这本书，它并非传统意义上的叙述。它的核心是一个冲突，这个冲突的对立点在于，我们在学校如何教叙述文（通常我们把它看作写作的一种文体，而且是较为简单的文体）和叙述在我们的意识中的重要地位。这本书的重点就在于叙述本身——它如何帮助我们在浩瀚信息中规整出条理，它如何让我们相信世界是可知的、有意义的。在这个世界中，有因必有果。当我们遇到困难，或是人生失意之时，通过叙述，我们"构建"了自我。通过叙述，我们将抽象的想法变为具象，在数以万计的现象中寻找到模式，并对将要制定的政策有先见之明。叙述，是一切的关键所在。

## 叙述作为一种文体

众所周知的文体有这么几种：描述、叙述、阐述、议论。对此种分类，学术界一直争论颇多。詹姆士·肯尼威就在他的经典著作《话语理论》（*A Theory of Discourse*，1971）一书中论述道，此种分类把手段和结果相混淆（举例来说，阐述是一个结果，为了说明；而叙述是一种方式）。追溯此种分类的历史，罗伯特·康纳斯（1999）曾表示这种模式的分类以前比较流行，现在已经不再被接纳了，但在我看来，这种分类仍盛行，并在《共同核心州立标准》（CCSS）章程里得以体现。

承认四种模式分类的下一步，就是对这四种模式加以解释。如果我们把推理论证看作后起之秀，那么自然，我们就承认了两个阶段的承接，首先是描述和叙述（这两种模式更为依赖感知记忆），其次是阐述和议论（这两种模式更为依赖总结、分析和推理）。如果按照这样的逻辑看，那么将比较不注重分析的文体放在低年级，把认知要求高的文体摆在高年级，好像理所当然。事实上，詹姆士·墨菲特在他的《全论述教学》（*Teaching the Universe of Discourse*，1968）一书中隐晦地表达了上述观点，而最新的《共同核心州立标准》更是明确表示了在高中阶段，学生的写作应该从叙述转向论辩。两位读写领域标准制定的负责人说："低年级的学生主要练习记叙文的写作，随着他们升入高年级，《共同核心州立标准》要求学生们利用手边的信息资源进行议论文或说明文的写作。"（科曼，皮门特，2011，11）

《共同核心州立标准》将叙述、说明、议论变成三足鼎立的局面，这其实是一个"分类失误"。分类之所以出错，是因为它的根基本身就是矛盾的。举例来说，侯赛路·易斯博格斯看上去华而不实的"动物分类论"：

> 动物们被分类为（a）帝王一族，（b）气味芬芳类，（c）被驯服过的，（d）令人惊叹的，（e）美人鱼，（f）乳猪，（g）流浪狗，（h）未被列入分类的，（i）一生气就战栗的，（j）成群涌现的，（k）用骆驼毛笔画出来的，

（1）其他，（m）没打碎过花瓶的（乖巧的），（n）远远看上去就像苍蝇的。
（1953，103）

"令人惊叹的"这一类明显包含了"美人鱼"；"流浪狗"应该被归为"没打碎过花瓶的（乖巧的）"。我所说的分类失误就好像问一个人，你想要甜点还是冰激凌。答案明显是二者皆可。

《共同核心州立标准》的规定也是一样，语言使用的目的与话语模式二者混淆，结果和方式也混乱不清。叙述作为一种话语模式，用途多样（我会在这本书里讨论）——叙述可以用来阐述，可以用来说服他人，可以具有娱乐性，也可用作表达。叙述是其他模式的基础，是一种极具力量的内心的自省。"说明性写作和阅读"指的是话语的目的。然而，对于像凯瑟琳·布荣获普利策奖的作品《美丽永恒的背后》（*Behind the Beatiful Forevers*）这类文本，我们又该如何分类呢？将它归为叙述还是说明？显然二者都可以。议论文，在我看来，是论述文体的一部分，议论文中缺失的是社会思潮和情感。而这些缺失，叙述可以弥补。

有一个作业，我最喜欢布置给学生，这个作业能归入哪一类文体呢？我让学生们选取一些对他们而言极其珍贵的物品——最好是其他人都不会在意的东西。他们需要细细向我描述为什么对这件物品有着特殊的喜爱之情。这个作业是议论，还是艺术？是叙述，还是说服性写作？我自己也写了一份。

### 假　煤

一座韦伯烧烤炉，黑色的，
29美元，开始生锈了，显而易见
被丢弃在雨中，几乎没被清理过
烤汁一天天渗进去。

我的邻居，坐拥550美元的豪华版韦伯烧烤炉，
一定充满同情地看着我。
他那台烧烤炉有温度控制装置、烤肉的架子、闸、
烧烤盖，以及轮子。
底下配有一个肥墩墩小巧的丙烷桶，直通烧烤架。
甚至还有烧烤温度说明

不过，如果你需要这些装备，你还出来烧烤干啥？

"你的炉子不慢吗？"他一定这么想着。得等着煤
准备好。
但如果你喝着史黛拉牌汽泡酒（烧烤当然得喝这个）
慢又怎样呢？
有时我低头看着我的煤，我对它说：
"慢点儿烧呀宝贝儿，我可喜欢听你们嗞嗞作响啦。"
我喝着汽水对着过往的行人挥手致意
邻居们可羡慕我啦，他们吸着一团团飘起来的烟云
从我的韦伯烧烤炉边走过，
他们只能回家吃豆腐和沙拉。

结果有一天我不得不去问我邻居借他的"巨兽"了
因为我家来了许多客人
我看了看他烧烤炉的底儿，那可喷着火呢
结果我看到的是假煤，发着光。
假的。

他的巨型韦伯烧烤炉想要吓唬我的小破烧烤炉。
没门。

　　你可以说它具有说服性文本的特点，也可以说它具有文学性，但姑且不看它的功能，此文本包含了一系列相互交错的叙述，最后还以一个相对完整的叙述作为结尾。非要说它一定是记叙，或者非要说它是议论，都不合理，这篇文本二者兼具。

　　《共同核心州立标准》的规定挑战了一直以来以文学性记叙文体为主导的阅读和写作任务，它强调向更为复杂的分析说明性文本过渡，尤其是高中阶段的阅读和写作。而在小学阶段，《共同核心州立标准》强调文体间的一种平衡。《共同核心州立标准》中写道，文学性叙述文体虽然在学校的阅读和写作中占主导地位，但是大量训练这种文体，无法为学生们做好大学阅读和写作的准备，因为在大学里，除了英文课以外，大部分的阅读和写作并非文学叙事性文本。

作为一个在论辩文和说明文里纵横捭阖的老将，我完全赞同让学生们有更多的机会接触到不同的文体。我记得儿子的朋友问过我一个挺高明的问题："既然我可以读到那些真实世界里发生的事情，我干嘛要去读那些虚构的书呢？"

但同时，我们得搞清楚另一个问题，那就是"信息型"阅读和"叙述型"阅读的界限到底在哪儿。研究阅读的尼尔·杜克（Nell Duke）对阅读信息型文本作出如下的定义：

> 对于虚构类叙述型文本，我们通常采用通篇阅读的模式，也就是保持匀速从头读到尾。然而我们读信息型文本，则是采用跳读的模式——我们只读有兴趣或者对我们的研究有用的部分。可能我们会从索引开始读，然后跳到38页读一两段相关的信息，然后又跳到15页把这部分完整阅读一遍。在读信息型文本的时候，我们的速度或快或慢，有一些章节精读，有些则粗粗略过。（2004，3）

毫无疑问，我们都体会过什么是浮光掠影取其精华的阅读。甚至有些书，乃至网络上的资源，它们本身设计的阅读结构就是让你这么跳读找有用的信息，目的相当明确。我将这种阅读方式称作萃取式阅读法——在阅读文本之前，我的目标就很清晰了，我知道自己要找什么内容，然后一个猛子扎下去寻找。我在想，我们大部分的网络阅读估计都是这种萃取式阅读；事实上，眼动追踪研究表明我们阅读网络文本通常采用F模式，即忽略大部分文字，只阅读20%不到的文字。［国家残障儿童科普中心（National Dissemination Center for Children with Disabilities），2012］杰米·S.芙，作为美国著名的人力资源专家，她的研究表明年轻的雇员通常"非常擅长找到信息，然而他们却不擅长将找到的信息与当下的情境结合"。（图珍，2013）

在我们讨论阅读理解的时候，以上所说的阅读模式也普遍存在。在阅读理解中，叙述性文体和说明性文体（或者如我们上述的"信息型文本"）的界限也相当明晰。在我看来，以下的观点非常清楚地解释了二者的区别，容我引用如下：

> 叙述型文本用艺术的手法将事件发生的顺序调整编排。读者进入一个作者创造或是再创造的世界，这个世界里融合了作者的世界观。相反的，读者在阅读信息型文本的时候，不会期待"有事发生"，读者想要索取的是

知识、信息、观点、缘由，以及问题的解决办法。信息当然可以用叙述的形式编写（比如传记），故事当然也包含了有用的信息，但是作为读者，我们通常不会在叙述型文本中寻找信息，也不会在信息型文本中读得如痴如醉。

不同的阅读目的，获得不同的阅读体验。当我们阅读叙述型文本的时候，我们首先想看的是其中的故事；而对于说明型文本，则是其中的信息。如此一来，读一本拓荒家族的小说，与读一本西进运动的文章，二者的阅读体验是不同的，尽管它们都涉及了同一个话题。（哈蒙德，内索，2012，77）

露易丝·罗森布莱特（Louise Rosenblatt）的观点与上述观点不谋而合，她认为我们在阅读说明型文本时，采用的是"输出性"阅读——我们"搬运"了信息。相反的，我们阅读文学作品时，则是带着审美的眼光，沉浸在作者为我们创造的世界中。在我上述引言中，动词，比如，"获取知识""了解事实"，表明了我之前提到的阅读信息型文本"萃取"的观点。

上述几位作者提出的观点中，有两点我持保留意见，并会在本书中阐述。其一，他们说读者并非从叙述型文本中获取信息——我的观点恰恰相反；事实上，我们更喜欢通过阅读叙述型文本来获得知识。我们当然不会"生吞活剥"信息，这不符合我们人类的认知特点。我们更喜欢作者有着自己独特的解释方式——比如瑞奇·寇翰，他在《国家地理》杂志上发表了一篇关于糖的文章，堪称精妙绝伦。节选如下：

> 在学校的课本中，人们将这个时代称作拓荒时期，人们不断寻找新的领土、岛屿，将欧洲人送往世界各地。书本上说得好听，而事实上，人们就是在开垦甘蔗地。1425年，葡萄牙一位被称作大航海家亨利的王子，派一批早期殖民者登陆马德拉群岛，同时带去的还有甘蔗的种子。不久，甘蔗在大西洋岛屿，比如佛得角、加那利群岛上广泛种植。1493年，哥伦布第二次征服新大陆的时候，他也带着甘蔗。这样一来，"大糖时代"开启，接下来就有了加勒比岛、奴隶庄园，再接下来，就是浓烟滚滚的精炼厂，对糖的大量消耗，肥胖儿童，肥胖家长，穿着超大号的工作服在制糖厂里开着小电车运糖的工人们。（2013，86）

原来短短139个英文，寇翰就将葡萄牙、西班牙的早期殖民与穿着加大号工作服体重超标的工人形象地联系在了一起。

我们喜欢通过很棒的传记来学习美国历史，比如多洛丝·科恩斯古德温的《林肯与劲敌幕僚》(*Team of Rivals*, 2005)，大卫·麦卡勒斯的传记《约翰·亚当》(*John Adams*, 2001)。年龄比较小的读者，他们可以阅读辛西娅·莱文森的《我们找到工作啦：1963年伯明翰儿童游行》(*We've Got a Job: The 1963 Birmingham Children's March*, 2012)。在之后的章节中，我们还会仔细研究丹尼斯·格莱迪，一位给《纽约时报》写科学文本的作家，是如何以叙述的文体记录医学领域专业突破的。乔哈·齐姆，这位为学生写了一系列具有创新价值历史文本的作者，是这样说的：

> 世世代代，人们都是通过讲故事来表达他们的想法、价值观、精神遗产，以此传递历史。然而近来，我们竟然认为讲故事是小孩子们的事，我们真是蠢到家了。拒绝讲故事的后果就是历史变得无比乏味。没有故事的历史不过是冰冷的事实和日期。在故事中，人们才能懂得过去，也更乐于了解整个历史的过程。故事告诉我们，我们究竟是谁，我们曾经经历了什么。(2007.4)

显然，在阅读中，我们大部分的目的是为了"萃取"——我们只是为了找一个关键点，或是一句引言，又或许只是被吐槽"与星共舞"这类综艺节目的新闻标题吸引。这在我们生活中太常见了。然而，如果我们想要延伸阅读某个比较复杂的话题，或是论证某个观点，作为读者，我们就需要找到作者在写作中的一种模式，适应这种写作模式，我们的阅读效率才会更高。叙述型文本，恰好就是最容易被读者接受的阅读模式。

就拿你现在正在读的这本书来说吧。你可以浮光掠影地读完这本书，通过跳读来获取我的主要观点，或是干脆翻到最后一章看看我究竟给了你什么建议。这是你的选择——书在你手中，这可是千真万确。但是作为作者，我会尽量让你跟随着我的思路，让你与我的思考一同转弯，让你读到我的论证过程——如果要这么做的话，我就得创造我写作的一种模式，我称之为"情节"。我希望给读者一种感觉，就是你们与我一同"超越"，这是一种思维上的"超越"，我们一同打破固有思维，把目光放远，一同探索一种新的阅读与写作纪实文体的方式。

其二，我们通常以为阅读叙述型文本时，人们才会"进入作者的世界"，但是对于信息型文本则不然——原因在于信息型文本没有情节，没有故事"发生"。对于此类文本，我们会用到其中的信息，却不会主动融入书中。这个论断也值得商榷。拿我最近正在读的一本书，史蒂芬·安博勒斯的《无畏的勇气：梅里韦瑟·刘易斯、托马斯·杰斐逊与美国西部开发》（1996）为例，显然，我在这本书里学到了关于拓荒的历史，也学到了不少美国地理知识；但我同样也沉浸在故事之中，那种感觉就像我在阅读一本小说。梅里韦瑟·刘易斯最后发疯自杀这个结局，就像悲剧小说的情节一样让我心碎。换言之，安博勒斯的叙事技巧既让我掌握了必要的信息，又给了我一个很棒的阅读体验，我的情感、我的审美完全融入他给我创造的"世界"。

所以说，我们得承认"重叠"的存在——信息型文本中有着叙述成分，哪怕只是点缀。但是在这本书里，我要谈的观点不仅仅是这种看似凌乱的"重叠"。即便是科学论著，看似与叙述文体离得十万八千里，也依赖于前因后果的关系，甚至也依赖于其中的"故事"。光合作用是故事，气候变化是故事，癌症也是故事，都有前因后果。上述这些例子在某种程度上都可以写成故事，这样一来，读者更容易接受，也更容易获取其中的信息。（下一章中我会详细解释。）事实上，《共同核心州立标准》也承认不同写作文体间的"混合"：

> 学生的叙述技巧会随着他们升入高年级不断完善。《共同核心州立标准》要求学生能够在写议论文以及信息型文本的时候，将叙述的部分有技巧地加入其中。在历史/社会学科的写作中，学生们能够在分析历史/社会人物以及历史事件时，有效融入叙述。[全国州长协会优质教学中心（National Governors Association Center for Best Practices），美国州立首席教育长官协会（Council of Chief State School Officers），2010a]

尽管《共同核心州立标准》这一要求方向完全正确，但是我更想谈的是，叙述的作用可不仅仅是其他文体中的一个"成分"，它有更为显著的功能。

在我看来，若我们将心比心地研究我们到底喜欢以何种方式获取信息，最好参考那些能够将有效信息融入作品叙事的作者们。我认为最棒的分析性文章，是那种读起来如同故事一般的文章，比如波伦、格莱威尔、古尔德、莱勒、科博特（Pollan, Gladwell, Gould, Lehrer, Kolbert）的作品，他们都是我最喜欢的专栏作家。他们的文字总是娓娓道来。我欣赏他们在文章中尝试不同的想法、不同的立场，也喜欢他们在这些想法与立场间制造的冲突感，他们如何提出问题，探索问题，这些都是作者叙述的方式。这些作家都是大师，他们能够以日常生活经验作为支撑，以讲故事的方式叙述他们的观点，正因如此，他们可是做到了修辞学家所说的"在场"[1]。一篇关于攻克癌症新突破的文章里会写案例，会以病人的故事帮助读者们理解科学。这恰好印证了罗伯特·弗罗斯特（Robert Frost）所说的"文章好比戏剧。好的文章无须追究它究竟文体为何，它要么是戏剧，要么什么都不是"。（白罗，1997，452）

露易丝·罗森布莱特是交互阅读理论的提倡者，对于文体间的区别，她认为文本之间应该有一个"频谱"，两端分别为输出式文本（目的在于传输信息）以及审美式文本（目的在于让读者沉浸于作者创造的世界中）。在频谱上，你往一个方向走，势必离另一个方向更远，这就是她的频谱理论。

但是阅读真的是这样吗？举个例子，难道爱默生在文章中一开始议论，文章的审美性就消失了？难道阅读是零和博弈[2]，二者相加反而为零？或者我们可以转变一下思路，可不可以假设如果我们用具有审美特点的情节、人物、叙述来写信息型文本，信息的传递反而更有效呢？换言之，若我们有技巧地用我们称之为文学的手法写作，信息的交流（以及带给读者的愉悦）反倒加强了。事实上，也确实有认知方面的研究证明了我这一观点。

拿我阅读历史的经历举个例子——我小学高年级时读了罗伊查普曼·安德鲁的《关于恐龙的一切》（*All About Dinosaurs*，1953）。这本书显然是信息型书籍，安德鲁在书里讲述了他在戈壁滩的工作，把小读者们迷得如痴如醉。我爱死了那些恐龙的名字，像是禽龙、三角龙，或是梁龙，一种食草型恐龙，身长半个足球场，（在我们的设想中）走起路来地都要抖一抖。我读到他找到恐龙化石的时候兴奋极了。我仍能回想起他在书中说，当他们的团队还剩一点面粉的时候，他们宁愿将面粉用来做研究，也舍不得吃了。我对这本书的痴迷，来自它给我的知识，也来自文字带来的美感。我沉浸在作者的叙述之中，也沉浸在恐龙本身的信息知识中。这些信息知识里有一种文学的浪漫感。而我，作为一个小读者，二者的美，我都体会到了。

### 我来评一评

萃取式阅读的弱点之一，就是无法保证持续性阅读。若要持续阅读，读者必须感知文本中的模式，我称其为"情节"。换言之，阅读的"目的"其

---

1  这种"在场"在现代修辞学的理论中，解释为作者的文风、表达的方式以及作者的性情在其作品中的映射。——译者注
2  零和博弈，即所有博弈方的合作为零，是一个博弈概念。——译者注

实并非完全由读者说了算，而是在作者的导向下，读者在阅读中形成的。一旦作者在写作中的导向不明确，阅读体验自然不那么愉悦。伟大的修辞学家肯尼·斯伯克（Kenneth Burke）将文学比喻为"唤起欲望，并得到满足"（1968, 124）的过程，这么定义文学，真是性感极了。这个比喻也可以延伸至所有的持续性阅读中。如果文字粗糙不堪，就算里面包含大量信息，我们也不会阅读，我们能静下心来阅读，是因为作者带着我们向前走。就算我们阅读的目的是获取信息，如果信息之间的衔接实在差劲，我们读起来也了无生趣，而我们人类最中意的衔接是什么呢？正是叙述。

我将拓展情节、故事这两个词的含义，以此解释我们阅读非叙述型文本的过程。彼得·阿尔伯在他一篇获奖文章《言语与写作间的转换》（*The Shifting Relationships Between Speech and Writing*，2000）中提出的观点与我不谋而合。他在文章一开始就写道，持续性阅读的基本要素，就是我们对文字的把控是"即时的"。就空间而言，我们当然无法如同欣赏画作或建筑一样，一瞬间就把文本阅读完毕。结构，只有当它在阅读的当下，将文字与读者紧密连接，它本身才是有意义的，才能体现有效性。那么，我们如何做到这一点呢？

阿尔伯就这个问题也思考了很久，他就持续性阅读提出了以下的观点，他的这一观点让我在写这本书时深受启发：

> 所以说，时间媒介中的结构问题说白了，其实就是如何连接时间的问题。虽然说文章中的对称和重复能够连接空间（当然对于小型的时间结构，也能以韵律的形式加以连接），但是对于大型的时间结构，无论是对称还是重复都无法做到很好地将文本中的时间模块加以连接。那究竟是什么连接了大型时间模块呢？通常，我们认为是读者对于文本的猜想，以及阅读中的张力，这种期待和张力会构建阅读的满足感。在结构完善的文本、音乐、电影（顺时媒体）中我们总会发现这样一种模式，即不和谐又和谐，或者我用更为通俗的语言来说，痒了，然后抓痒止痒。叙述，大概是设立"预期—解决"这种结构最为常见且自然的方式吧。（2000, 163）

阿尔伯这番言论的启示意义在我看来相当深远——我的这本书从这个角度来看，大概可以解读为说明文和议论文的阅读写作。

阿尔伯让我们重新思考，到底什么才是形式结构。我们在学校里教学生的结构（比如写作大纲）总是一种静态的结构，由一系列的论点和论据构成。这种静止的结构是一种抽象的空间建筑概念，不仅太过抽象，对于如何激发读者阅读文本该结构也缄口不提。阿尔伯提倡的结构形式，是动态的，有吸引力的，主动及时的。这种结构形式是写作中爆发的能量，而这种能量带领着读者完成持续性阅读。

那么，教学的实际问题就是，我们该如何让学生在阅读的时候，与文本保持一致并感受到文本中的能量呢？同样的，作者面临的挑战是如何引导读者跟随自己沉浸在文本之中。换言之，作者应该考虑的问题是如何让读者在阅读中与自己"保持同步"——而不是跳读。这些问题本书都会讨论到。

阿尔伯的另一个论断是说当我们阅读结构完善的纪实文体时，我们的阅读体验与阅读小说相同——"理解"，此刻并不是阅读的唯一目的。这一概念也与传统的阅读理念大相径庭。众所周知，阅读信息型文本的目的在于获取信息。这与阅读文学性文本是相对立的。这么比喻吧，信息型文本好比我们家里那个始终保持清醒、理智、务实，甚至有些老实到木讷的大哥。我们靠着这个大哥积累我们人生的信息和知识。就连英文的"comprehension"（理解）这个词的词源也有"获取"和"包含"这两个意思——这么一来，似乎阅读理解挺符合"萃取"的概念的。然而，若一味拿这种观点解读阅读的过程，未免错失一些风景，其中之一便是"阅读体验"。"阅读体验"是读者在阅读过程中，随着时间不断加深的愉悦感、满足感。

拿我来说，我阅读很棒的纪实文体可没办法采用萃取式阅读。比如，2011年获得普利策奖的那本《众病之王：癌症传》（穆克吉，2010），尽管有些许争议，但仍被认为是过去十年间最棒的说明文作品。如果有人存心要考我这本书里的信息知识——比如问我这本书里的实验名称，或是简单描述在后几章中提及的细胞生物学，我大概要悲剧地挂科了。谁知道一年后我还能记得其中的多少知识？然而，阅读这本书对我来说妙不可言，可以说是我最近几年最为兴奋愉快的阅读体验。

那么，如果我获得的并非信息本身，那我获得的又是什么呢？

我获得的是一种体验，我与作者一起，他带着我遥望希望的曙光，又经历残酷的希望破灭，他领我与成百上千在临床治疗中试炼的病人们擦肩而过，让我感受到了科学家在攻克癌症这个难题上的进步，虽然缓慢却一步一个脚印地前进。我读着读着，感到"癌"本身变成了书里的主角——它具有侵略性、适应性，看起来坚不可摧、多种多样，又狡猾难缠，破坏性极强。我读着读着，不知不觉被文本中的叙述吸引，而叙述中包含的信息也不知不觉被我大脑吸收（比如，相信小儿白血病能够被治愈的悉尼法伯的故事）。

就像很棒的小说一样，这类作品的价值在于让读者心甘情愿与作家一路同行。韦恩·布斯（Wayne Booth）曾说过：

> 作家成就读者。如果作家只是一心一意等着有读者的观念与其一致，那么他书中的观点最好棒得百年难遇，不然我们可无法原谅他一塌糊涂的写作水平。相反，若作家能带领读者看到一个他们从未了解的世界，引领读者朝着新方向不断探索，这样的作家是伟大的作家。（1961，397-398）

作家能做到这一点，作为读者，我们必当相随。

如果我们只阅读片面的信息，如果所有的纪实型文本被看成一本巨型电话簿，那我们所做的不过是把新的信息与我们旧有的知识体系相连接，我们的观点其实根本不会改变（这就是为什么我觉得大部分的互联网阅读只会加深我们对一件事的偏见）。如果是这样的话，那么我们有维基百科就够了。我认为，只有当我们跳脱固有思维，不再固守己见，看到世界的不同，我们才有希望被改变，才有希望被教育（直说就是，真正被引导着跳脱思维的桎梏）。就像威廉姆·詹姆士（William James）所说："若我们固执己见，我们都会成为极端保守派"（1954，172）；我们总是希望待在舒适区，希望自己一成不变。而我们最棒的成长机会，或者说是我们唯一的机会，就是远行。

阅读《众病之王：癌症传》这样的书，其实就是跳脱我们的固有思维，跟随另一个卓越的大脑，聆听它讲述癌症研究中的奥秘以及一个个病例。阅读这样的文本，是在感知另一个大脑、另一个灵魂，感知作者的思路、他的沉思、他的价值观。能够与作者一路同行，使得我们在持续阅读纪实文本的过程中受益匪浅，这种愉悦的阅读体验甚至能渗入我们自己的写作中，至少我们希望如此。

## 再见，汉堡

持续性阅读的问题在写作教学中也有体现。写作，至少在我们认真对待写作的时候，它需要假设读者的阅读过程，需要通过文字说服读者"吾与汝同在，并洞悉一切"。但在大多数课堂中，枯燥公式般的写作教学仍然盛行。事实上，学生的自主阅读与教师的写作教学二者之间有着相当紧密的联系。公式并非形式——公式可以说是静止的，而形式却是不断变化的。

在20世纪60年代中期，学生时代的我学的也是如何写"学校里的文章"。我现在还能回忆起初学五段式文章的写作：老师给了我们一个图表，其中包含了三个矩形"主体"段落，两个三角形，一个三角形代表开头段，一个代表结尾。老师告诉我们先总写一个开头，然后慢慢在第一段的结尾处带出论点，接下来的每一段我们都要写一个分论点，并且给出论据，接着在结尾段的时候重复开头的论点，再将具体的论点升华成论述。开头段和结尾段这两个三角形其实挺难写的，因此有时候老师就将写作指导干脆简化成"说你想说的/说/然后重复一下你说过的"。

我后来听到有人将这种写作模板称为"汉堡"，开头段和结尾段分别是两片面包，中间段则是夹在其中的肉饼。这个比喻让我觉得这么教写作是"虐待"学生，"虐待"纪实文体，不仅如此，也侮辱了汉堡——你想啊，汉堡还有各种各样的呢（有双层芝士、培根、脆饼干汉堡，甚至面包里还能夹薯条呢）。

我曾尝试着找出这种写作教学模式的源头，我能找到的最早的文献是1965年卢西尔·沃恩佩恩发表的一篇在当时相当受欢迎的文章，名为《写作是门生动的艺术》（*The Lively Art of Writing*），在这篇文章里，我找到了五段式的图表。（不过我得公正地说一句，作者在这篇文章里可从没说过五段式是写作的固定模式。）文章发表的日期提醒我，当年我那位11年级的语文老师可是赶着文章一发表就赶紧给我们讲了这个写作模板的。但也有可能五段式写作还能追溯至更早之前，因为1971年珍妮特·艾米格（Janet Emig）发表她著名的个案研究时，五段式写作已经相当流行了。但是这种写作教学模式也显得有些多余，就好像将"美洲印第安人称为美国本土的土著"那样拗口，又或是非得点明"《天佑美国》[1]是凯特·史密斯唱的哦""《春光花月》[2]里可是有短笛伴奏的哦"一样多此一举。与后期对五段式写作教学不断地批评一样，艾米格发现这种模板不仅累赘，而且与同时代的文学作品根本格格不入。

自从五段式教学被艾米格狠狠攻击过之后，似乎人人喊打。想想原因也简单，因为五段式写作完全被它的论点全盘控制，几乎没有任何写作中探索未知的空间，写作者也不会有心想要通过写作打开思路。大卫·巴塞洛米奥对五段式写作是这样评价的：

---

1　凯特·史密斯的成名曲。——译者注
2　《春光花月》是1952年美国一部家喻户晓的电影，其中电影主题曲演奏的主要乐器就是短笛。——译者注

每当……我们让学生写作的时候，我们其实想让学生尝试着在写作中锻炼分析能力，然而五段式写作中的论点却牢牢控制着学生们的写作走向，他们真正的分析能力根本得不到练习。因此，在一个又一个作业中，我们要求学生把一本小说、一首诗歌，甚至他们的个人经历压缩成一句话，然后写作任务就是论证或者"支持"这句话。写作被用来结束一个话题，而不是打开这个话题，它不再让学生们打开视野，而是将话语的可能性都锁死了。（1983，311）

彼得·阿尔伯将这种五段式教学称为"反混乱机器"（2012，309），因为在五段式教学中根本没有提问探索的可能性，也没有复杂性的空间。

在众多关于五段式写作的争论中，我最近听到一种力挺五段式写作的言论，这一言论认为学生需要先学形式，学会了写作的形式，才能在此基础上不断变形，然后让文字更为复杂。我不否认大概这一套对某些写手管用，但我个人认为，这种观点值得我们质疑，甚至在我看来是危险的，因为这一说法其实圆滑地掩盖了教学中的缺陷。先教他们一个为了应付考试的写作形式，时机到了他们自然会学会什么才是真正的写作（"你以后才会用到的"）。这些为了应付考试的写作形式更为简单，也更好教。但是当我们把个人意愿、动机从教学中剥离，对学生来说，学习反而变得更为复杂，而并非简单了。在本书中，我会讨论关于说明文和议论文更为生动的写作方式。

纪实文本，在我看来最为关键的就是文本的动态，即文本随着时间深入不断地变化，而并非静止的结构。纪实文本的这一特点也被肯尼·斯伯克称作"意象行为"（1966）。如果文本的写作是成功的，那么作为读者我们就会被作者带领着往前走，这也就是我们所说的持续性阅读，甚至我们可以说，读者是被作者引诱着在阅读的过程中不断探索文本。那么作者是如何做到这一点的呢？因为她自己在写作的过程中，也感受到了随着话题打开，更多的可能性推动她开始"聆听"文本，好像文本本身就是一个独立的生命体一般。

所以我的观点就是：在我们阅读和写作纪实文本的时候，我们常常无法说清楚整个阅读和写作的过程。就阅读来说，我们总是以萃取的方式阅读，可是这种阅读方式是无法让我们保持阅读的专注度的；如果我们采用萃取式阅读，好像我们的目标就变成了获取"信息"而并非关注文本本身。

## 文章自改十三条

1. 下面会发生什么？

2. 它看上去如何，触上去如何，嗅上去如何？

3. 我该如何重述呢？

4. 我对这件事的反应是怎样的？

5. 我能想到什么例子或者经历来解释我的观点？

6. 我有什么论据？

7. 我之前阅读的文本里可有帮助我理解的部分？

8. 通过怎样的比较我才能把道理说得更明白？

9. 为什么这一点重要呢？

10. 我这么写想表达的意思是？

11. 还有谁会赞同这个观点呢？又或者会反对这个观点？他们对此意见如何？

12. 我要如何证明我的观点呢？有例外吗？

13. 这个观点如何融入更为广泛的辩题或争论之中呢？

在写作教学方面，我们采用公式化的模板，这样的教学存在着同样的问题——我们不告诉学生，作为作者如何时刻心系读者。我们教给学生的，只是一个看上去完整的结构，而并非如何写出文本中一系列的"动态"。因为我即将带着你（你还在吗？）阅读这本书接下来的150页，你是否还与我同在是我关心的一个大问题。就像华特·惠特曼所言，我希望你们相信"吾与汝同在，并能洞悉一切"。

要想做到持续性阅读，自然有不同的方法可以达到目的。但是其中最棒的，最令人满意的，最好理解，也是我们最为熟知的，就是叙述。我们将以全新的视角来解读叙述，它不再是传统意义上的一种写作文体，我们将打破传统，重新定义叙述。

关于叙述的核心，有一个稍显薄弱的观点和一个更为站得住脚的观点。稍显薄弱的观点认为，即便是在以分析性或是说明性为主的写作中，作者也需要不断以举例的方式来论证他们的观点，也就是说他们要"讲故事"。（约翰·杜威以及拉尔夫沃尔多·爱默生之所以如此难读，就是因为他们写作的时候不喜欢举例！）《共同核心州立标准》也意识到了这一点，尽管只是在附录里提及。这个观点在我看来，当然是正确的；甚至不需要什么论证。你去看看那些知名的写作科学、医学或是环境文本的作者，你会发现他们在叙事上都有自己的一套，他们都是通过向读者展示活生生的例子来论证自己的观点的。那些所谓的"学术型"作者之所以无法被大众广泛接受，正是因为他们拒绝在文章中使用叙述——如此一来，自然流失大量的读者。

除此之外，还有一个更站得住脚的观点，但是这个观点还需要完善。事实上，这个观点大概有些过于"叛逆"了，你不如将其当作一个思维训练，尝试问问自己"如果这样，又如何？"

那么，下面就是我不成熟的观点。我认为所有优秀的作品，内部的结构都是叙述。所有优秀的作品。当作者跳过叙述，直接陈述信息的时候（大多数教科书的问题都在这儿），我们的阅读感相当不妙——因为作者没有提供任何辅助我们理解的方式。马克·特纳，一位认知心理学家以及文学评论家对此是这么说的："叙述想象——故事——是思维最为原始的工具。我们的理性依赖叙述。这是我们看向未来，对未来做出预判，构想蓝图，做出解释的最主要的手段。"（1996，4-5；同见尤班克斯，2004）我的前同事唐纳德·莫瑞（Donald Murray）是这么说的：

> 我们在短篇小说、长篇小说、舞台剧、电影以及电视剧中研究叙述的种种变格，然而我们却很少检视应用文体中隐含的叙述——市场计划书、保健文章、保险投资报告、布道、奖学金申请、禁令、葬礼致辞，这些文本其实都建立在坚实的、经过时间检验的叙述的基础上。
>
> 如果我们想成为成功的作家，或是成功改写文本，我们必备的技能就是懂得如何运用每个应用文本中潜在的叙述，懂得何时在文本中创造叙述，又何时让它隐藏于信息之后。读者不需要知道作者肚子里想些什么，但是文本中的叙述以及作者的思路必须到位，文章读起来才有劲。（2004，89-90）

"创造与隐藏"。真是无与伦比的观察。有的时候，即便一些看似非叙述型的文本（比如实验报告），它也是建立在叙述之上的，建立在一个基础性众所周知的世界体系中。这个观点即便对最为学术的文章也适用；即使是实验报告，也得讲故事。

若持此观点，我们其实能学到很多：

> 这个观点验证了一个众所周知的原则。

这个观点能够帮助学生从比较熟悉的文体写作过渡到不太熟悉的文体写作。也就是说,哪怕学生开始接触到一个新的问题或新的学科的时候,他们仍然能应用这些文本中共有的特点以及他们已经熟悉的策略来完成新的阅读和写作任务。

这个观点挑战了传统的写作教学观点,即学生在写作中应该尽早定下文章的论点,即使文章那个时候根本还没必要设立论点,尚有矛盾冲突需要解决。

这个观点与人类的思维循环相符——如约翰·杜威所言,人类的思维是一种从提出问题到解决问题的"经历",无论长短;又如让皮亚杰所言,人类的思维是从接收信息初始的混乱,到之后和谐的过程。写作跟随我们的心灵,用叙述讲述我们的思维过程。

这个观点解释了优秀的说明文和议论文中写作的艺术:作者是如何设立文本中的张力,如何设计问题,又如何选取例子来说明,如何在冲突中融入不同的观点和声音——总而言之,他们能够将他们的写作思路,以及文章中的发现变得相当戏剧化。这样一来,他们不仅让读者更易吸收文本中的信息,也增加了读者们阅读的乐趣。

这个观点也嘲讽了大多数教科书的写作——那些教科书失败在无法提供给读者一个满意的阅读模式。(我们会在第四章中举一些例子)

这个观点成功解释了阅读的动机。作者们需要引导出读者阅读的欲望。

我们已经习惯接受不同的文体就是不同的写作方式。我们以为不同的文体名称对应着不同的文本——叙述文本、说明文本是两种完全不同的写作形式,连理解文本的认知过程都是不同的。换言之,我们完全被我们自己的语言标签误导了。

因此,摒弃以上想法对我们的阅读和写作当然有益,哪怕你只在阅读这本书的时候跳出你对于阅读和写作的固有思维。令人欢欣鼓舞的是,若想写出优秀作品,还真的有一种更为深刻,却可以通过学习掌握的结构——它既能满足我们对文章情节的好奇,对文章的张力和结尾也有很好的掌控,它能够刺激读者不断阅读下去,最重要的是,我们能感受到那个讲故事的人,引领我们前进。

# 第二章
# 心由故事而生

行动即雄辩。
——威廉·莎士比亚《科利奥兰纳斯》

有一部20世纪70年代的老电影叫作《爱情游戏》，估计现在都没什么人记得了。理查德·卡斯特立亚诺（后来在《教父》中走红）在电影中扮演一名工薪阶层信仰天主教的父亲，他的儿子麦克即将迎娶一位上层白人家的女儿。整部电影简直就是一场闹剧——麦克的弟弟正在经历离婚、数不清的婚外恋、各种糟糕的婚姻关系，而麦克则差一点悔婚，老父亲深陷与年轻时梦中情人玛丽·罗斯的回忆，因为他的婚姻也算不上完美。当这位父亲在这一团乱麻的关系中苦苦挣扎的时候，他不断询问自己："我们究竟是怎么走到这一步的呢？这其中有什么故事？"

他这么问自己，可不是为了听故事自娱自乐；他想要一个解释。他希望理解事情的起因是什么，他生活中的那团乱麻从何而来，他想要明白其中的因果关系——他用"故事"这个词来描述他希望获得的答案。

在本章中，我想要探索的"故事"也是这个理儿。在上一章中，我已经就何为叙事、何为理解给出了宏观的论述，却未提供许多论据，或是心理学上的分析。其实这方面的论证已有很多。因果关系在理解力中的作用，甚至人类本身的理解力，早已被无数研究深度解析。事实上，我们倾向将人生经历比作故事，从中寻求因果，这也是人类的内在属性，与语言一样与生俱来。我们总在问："究竟是怎么一回事？"

丹尼尔·卡内曼在其精彩著作《思考：快与慢》（*Thinking, Fast and Slow*）一书中，曾描述了人类对因果的诉求。这本书开篇就给出两个简单的词语，用来测试读者对这两个词的反应：

**香蕉　呕吐**

在你们对这两个词语做出反应的一两秒中，你的大脑可没闲着。它快速过了一遍一些不太令人愉悦的图像以及记忆。你的面部开始轻微扭曲，做出一副恶心的表情，也可能你不自觉地将这本书推远了些。你的心率上升，手臂上的汗毛倒竖，你的汗腺也被激活了。总之，你虽然没有真的看见真实的景象，生理却不可避免有着些许反应。而这些反应完全是不自觉的，你无法控制。（2011，50）

他用的"景象"一词相当重要，因为我们并没有真的看见实际景象，而仅仅看见了两个词。然而，我们却由这两个词语联想到了相关的景象（一个人吃了香蕉，然后呕吐了），这正是卡内曼提出的体系1或"快速"思考的自动化过程：

在一两秒内，虽不自觉，但你的身体完成了一个了不起的反应。从一个完全意想不到的景象或事件开始，你的体系1通过联系两个放在一起的词语，自动生成了一个有着前因后果的故事。（2011，52）

他在书中用到的"故事"一词（我也将沿用），并非我们通常意义上的故事，而是一种具体且本能的理解模式。

我们再举个例子，比如《体育画报》（*Sports Illustrated*）的魔咒[1]，订阅过《体育画报》或是喜欢看《体育画报》泳装版的人应该都熟知这一魔咒。我们这么说吧，比如，6月下旬，一个不怎么知名的中外野手[2]居然打出了超过400点的打击率[3]。这真是个奇迹，因为自从1941年泰德·威廉姆斯之后，再没有人在一个赛季里打出过400点的成绩。于是这个年轻有为的棒球手的照片就这么登上了封面，并堂而皇之配上大字："这会是今年最佳战绩吗？"估计你也猜到接下来会怎样了：这位小哥的成绩一落千丈，于是赛季的平均战绩也拉回到他一直以来的水平，大概270点左右吧。

如果你相信这个魔咒的存在（我就信），那么你就会用因果关系来解释这件事情。登上《体育画报》的封面，是人生开始走向低谷的原因。这个魔咒，以一种我无法言说的方式，影响了击球手的心理（让他自信过了头，开始自满），击溃了他本可以蒸蒸日上的战绩。看见当地体育明星登上《体育

---

1 这在美国本土被称为"都市传奇"，即上过《体育画报》杂志封面的体育明星接下来会霉运连连。——译者注

2 棒球中场击球手。——译者注

3 打者能击出安打的概率，为棒球最原始简单数据之一。——译者注

画报》封面，人们估计心中都会悲叹一声"这可糟了哟"，然后默默等着那不可逆转的（我敢说这是不必要的）滑铁卢。

当然，我也可以给你一个更棒的解释。

这个解释听起来可靠得多，可是稍显枯燥——这个击球手撞上了自然界的平均法则，他的本赛季平均成绩就此滑落至他实际的击球水准。或许他本赛季打得已经不错了，但是事实就是，他不可能成为泰德·威廉姆斯。我们再举一个盖茨基金投资项目的例子，这其中也有因果可循。盖茨基金提议投资那些规模较小的高中，因为那些成绩卓越的高中规模都不大。我们立刻就从这个决定中读到了因果关系——规模小是其中的关键，比如因为规模小，学生与老师的关系更为亲密，总结来说，规模小成就了这些高中可喜的成绩。

但若以统计学的角度来看，虽然以上确为事实，但是你要知道也有些很糟糕的小型高中（这也是真的）。教师人数少，确实有可能好的教师都聚集在这所学校中，但也有很大的概率是糟糕的教师也聚集在这所学校中。大型学校的教师教学水平参差不齐，因此学校的绩效很可能回归平均值。所以关于"小"这个原因，听上去似乎挺靠谱的，却非正确答案。

因果关系在人类理解世界的过程中起到关键作用，它在我们理解文本时也同样重要。对任何东西我们都用生理上的因果眼镜来看待，这样的话，也就解释了为什么会有毕业典礼上的演讲，解释了我们处理悲剧的方式（"事出有因"），解释了为什么宗教在人类历史上久盛不衰，解释了政客们的花言巧语，解释了为何人类一开始排斥进化论（以及之后的统计学），解释了为什么会有封建迷信，也解释了之后推翻迷信的科学为何会出现，甚至还解释了为什么我们更习惯以主动句的形式阅读文章。我们认为，一个人独立于世，一生遭遇与其有意为之不无关系（我们得学会看人）——既有因，就有应对之策。缺少看人的能力，则成为致命的残疾。就如卡内曼所说，"我们每时每刻都能感受到他人行为的目的性，以及内心的情感；可能只有自闭症患者，无法感知他人的内心世界"（2011，76）。

尽管因果关系是人类理解力的关键因素，但根据哲学家大卫·休谟[1]的理论，人们曾一直认为总结因果的能力是从经验中习得的。可能的情况是，我们看到太多B发生在A之后，于是我们总结归纳认为A类事件导致了B类

---

1 苏格兰的哲学家、经济学家和历史学家，他被视为苏格兰启蒙运动以及西方哲学历史中最重要的人物之一。——译者注

事件的发生。然而伊曼努尔·康德却质疑这一观点，他认为人类有愿意相信事物之间含有因果的本能；我们身体心灵的构造就是如此——这或许是人类在历史长河中的不断进化吧。康德的观点与休谟相悖，他并不认为人类通过经验"获得"对因果的总结能力——恰好相反，是从我们愿意以因果关系理解事物的本能中来的。（迪·皮尔瑞斯，佛利德曼，2013）

比利时心理学家阿尔伯特·米乔特（1963）曾通过一系列的实验证明了即便是婴儿，也能感知因果。他先让婴儿看显示屏上投射的黑色方块，黑色方块朝着红色方块移动，二者相交，接着红色方块消失了。于是，婴儿的认知模式就变成红色方块的移动是因为与黑色方块相交，当下一次实验红色方块不再消失时，婴儿感到十分震惊。换句话说，米乔特以及后来的研究者证明了人类对因果的总结，并非来自经验学习——人类总结因果的能力来自我们所见，是一种本能，就像我们天生看见颜色一般。它并不来自经验，相反，它是我们构建经验的首要因素。

当我写这本书的时候，整个国家都在为纽顿镇惨案[1]中丧生的人们哀悼。我们不断搜寻这起暴力枪杀案的线索细节，希望拼接案件的蛛丝马迹，以此得到一个解释——怎么会有人丧尽天良可持此重型武器伤及无辜儿童。是因为他精神错乱吗？凶手的母亲是一位教师——这与本案有关吗？我们要如何解释凶手拿了他母亲的枪，首先射杀了她这一事实？他的父亲在哪儿？我们对这些细节的考量，能够解释这一惨案的发生吗？（我们将这一事件称为"惨案"，这一称呼本身就解释了人类对一个完整的故事的诉求。）我们不断寻求事件之间的相关性，寻求其中的因果，因为若一件事情没有任何道理可寻，这件事情本身就十分恐怖。我们需要听故事，这并非仅仅为了某种审美的享受，而是自我慰藉，让我们觉得仍生活在一个可认知的世界中。乔安·蒂典写道：

> 我们讲故事，是因为我们需要活下去的动力。我们在自杀惨剧中寻找训导，在谋杀案中寻求社会道德的训诫。我们极力理解所见所闻，并在众多可能的解释中寻找最佳答案。人类之所以能够生生不息繁衍下去，靠的就是为纷繁变化的世界加以注解的能力。我们用条理清晰的叙述与这个令人眼花缭乱的世界抗衡。身为作家，尤为如此。（1979，11）

---

1 又名康涅狄克纽顿镇桑迪·胡克小学枪击事件，一名男子持枪冲进校园射杀了20名小学生和6名工作人员。——译者注

## 话是没错，然而……

每当我想要谈论叙述或故事，都为这两个术语的使用头痛不已。"故事"这个词，作为一种文体，或写作形式已经太过深入人心，以至于读者每次套用我的思路看待"故事"这个词，大脑似乎都要经历重启的过程。马克·特纳在他的书《文心》（*The Literary Mind*）中提到过类似困扰："若写成文字，故事书自然应该按照文体类型摆放在书店内，但我所谓的叙述、故事是一种精神上的工具，是人类最基本的思考能力。"（1996，7）或许会有人和我争辩说，"前因后果"，"故事"或是"叙述"根本就是不同的（尽管我们之前提到过，卡内曼和特纳明显将这几个概念融会贯通）。

有些人或许会说叙述或故事含有虚构性，描写的是在特定时间地点发生的事情，然而信息型文本呈现的则大多都是真实发生的事情。詹姆士·墨菲特（1968）对叙述性文本（发生过什么）以及说明性文本（现在正在发生什么）做了区分。我认为，即便我们在讨论"现在正在发生什么"的问题，我们仍旧在使用叙述的工具（人物、情节、冲突），举个例子，比如伊丽莎白·科博特描写玉米的授粉过程：

> 玉米的雌性器官被包裹在类似植物贞操带中——周围有一圈坚不可摧的硬壳。要想接触到玉米的雌性器官，唯一的方式是通过玉米花上延伸出的丝线，穿过硬壳上微小开口。这听起来就如长发公主的故事般不可思议。玉米想要完成受精，花粉必须成一条细线粘在玉米花的丝线顶端，然后顺着长6—8英尺、丝线细小的管子一点点滑到雌性器官中，这可是一个相当漫长的旅程，耗时若干小时。一次成功的授粉才能得到一个谷仁。（2012，19）

科博特用叙述的口吻描写了这一过程，其中花粉像是男主角一般的存在，她甚至还引入了童话故事的公主来帮助我们理解玉米的授粉过程。

我如此强调叙述和故事，也许也会造成一些误解，以为只需教学生说故事就行了——然后学生就会自动掌握各种文体（这显然是不对的）。在我的第一本书《不仅是故事》（*More than Stories*）里，我强调给学生大量阅读和写作的机会，在本书中我仍坚信这一点。若你认为本书试图阻止学生在学校阅读信息型文本，那就大错特错了。我对纪实文本相当热爱（毕竟，我现在就在写纪实文本呀！）——我更想了解，人们在深度阅读时，大脑究竟如何运作，是以何种方式让读者和作者并肩而行，又是如何激活人类打娘胎里就有的这种理解力。

在我与你们一番"请别搞错我的意图"的促膝长谈后，我觉得有必要画个金字塔来解释我是怎么重新定义阅读和写作的。我提出的模型有四个维度，最底层代表人类最根本的一些能力与倾向性——那是人类最为本能、生理内在的基础性（如图2.1所示）。

**第四层级**
**使用**
对语言的具体使用
（比如，这本书）

**第三层级**
**文体**
我们在各种社交场合具体使用语
言的方式，以此达到第二层级的目标
办公室备忘录、短篇故事、推
特、科学学术文章等（巴瓦什）

**第二层级**
**话语的目的性**
我们使用语言的社会目的
詹姆士·肯尼威将其定义为四个属性，即参考性（信息性）、
说服性、文学性、表达性。每一个属性侧重修辞三角的一个特点
（主题、读者、语言、说话者）

**第一层级**
**内在能力**
人类与生俱来的内在倾向性、恐惧、欲望、表达以及理解的方式包括句法、空
间、相似性以及因果关系。卡内曼的体系1的思考模式应该归在这一层级中。这些属
性是人类最为基本的，几千年进化而来的本能。

**图2.1　思维与理解结构故事模型图**

著名的社会学家埃米尔·涂尔干是这么说的：

> 人类的判断力取决于一系列最基本的概念，这些概念决定了人类的
> 智慧。从亚里士多德开始，哲学家们就对人类的理解力进行了分类：时
> 间概念、空间概念、物种概念、数字概念、成因、性格，等等。这些概
> 念与宇宙间的万事息息相关。有了这些概念，人类的思维才有了形态。
> （2001，11）

这些"概念"，正是广义上人类对世界的理解及体验。

在这个维度上，卡内曼所说的体系1思维模式启动了，比如我们的"因果思维模式"让我们对"香蕉-呕吐"这两个词的配对有了身体反应。我之所以把"因果关系"放在这一维度中，是因为人类表达因果关系最基本方式就是叙述，它是人类基本构成的一部分。

再往上一层，我们来到语言这一维度。语言具有社会习得属性。话语的目的性讲的是我们为何要使用语言；一些广泛使用的，具有修辞作用的原则也可归在这一维度中，比如道德感、逻辑感以及情感上的诉求。再往上一层，文体使话语目的性变得具体，同时也使人类各种社交场合具象化（社交场合随着科技的发展也在不断变化），再往上走，最终问鼎的是个人的言语或带有个人鲜明风格的写作文本——这一维度为模型的最顶端。

在这个金字塔模型中，下一维度无法决定上一维度的属性，却为上一维度的确立打下了基础。人类的社会群体属性（第一维度）是语言使用（第二维度）的基础。文体（第三维度）的存在，实现了语言使用的目的性（比如，说理性文本涵盖备忘录这一文体，备忘录又涵盖了其他子文体）。每种文化都有特定的话语使用习惯，我们个人的话语习惯也受到文化影响，然而人类对这种文化的继承和习得通常不自知。如究竟什么是寓言故事，什么又称为求职面试，我们对这两个词语的具象感知，是通过各自文化中的话语意义习得的。文化塑造特定文字的概念，却无法主宰作者的笔杆。事实上，我这本书里绝大多数的言语表达都是从未被前人书写过的。

现在我们回到一开始让我头痛的术语问题：我觉得对"故事"这个词的争议在于，我将它放在了一个非常深刻的维度上。对待故事最常见的态度，如我在第一章中所说，就是把故事看作一种简单的"话语方式"或是一种文体（即第三维度），当然这种文体有各种变体（比如，逸事、个案、短篇故事）。但如果我们将"故事"放在更深的维度去理解，就会发现它其实远比我们想象的更为重要，无论是何种情境下的话语，都受到"故事"的影响；我们有一颗喜欢故事的心，时刻准备蓄势待发。

若以上述角度衡量故事起到的作用，教学的问题便也一并得到了解决——诚然，各类文体的基本要素教学是免不了的，但切勿荒诞地认为，既然学生懂得阅读小说、自传，他们就能写出议论文、报告等文体。教师是教书，不是变魔术。但有一点需要明确，无论是逻辑叙述、逸事、文本的趣味性，还是恰当的比喻，在任何一种文体中，都显得至关重要——这些因素与人类生来对因果的探索交相呼应。它们是话语和文本中更深层次的构造。

## 做自己故事的主角

以叙述讲明因果的另一个好处，在于我们有了主角光环。现实生活具有目标明确、内容连贯的特点（"世事总有原因"）。心理学家雪莉·泰勒在总结了一系列研究后认为，主角定位尽管并不完全现实，但是对个人的幸福感提升大有裨益。人类尚在幼年之时，这种夸大的自我意识就强烈、迅速形成，它好比"一种认知系统自然（以及）内在的属性"。（1989，44）人类的器官、免疫系统在不断进化，而人类的自我意识也深深根植于人类谱系之中，以此完成这一种族生生不息的繁衍——人类学家莱昂内尔·泰格概括得好，"乐观是人类的天性"。（1979，40）对人类而言，最有裨益的错觉就是我们以为只要顺应前因后果，就能牢牢掌控身处的环境：

> 控制错觉[1]，是人类相信自己能够有所成就的重要心理因素。一个人坚信会有好事发生，这种信念不仅来自诚心祈祷，更源于他相信通过自身能力，一定会事事顺遂。（41）

当然，生活并非事事顺遂，人类总有面临悲剧、体验创伤的时刻。运气和机遇可遇不可求。但即使面对顽疾，或是丧失挚爱的时刻，人类也能从中获得一些启示——比如，以过来人的经验，帮助面临相同处境的人。

马丁·塞利格曼（1991）对"解释形态"的研究在一定程度上佐证了泰勒的观点。解释形态指一个人如何解释他所面临的困境。比如，是将自己看作受害者，还是行动者？是把一次失败归因于个人性格问题（"我数学就是很差啊"），还是一次性的错误决定，以后改正即可（"好吧，看来下一次我得提前复习数学啦"）？通过解释形态，人类构建起支撑自我修复、自我救赎、继而自我康复的叙述结构。

塞利格曼的研究表明，当人类失去主角光环时，我们会有一种"习惯性无助感"。无论生理上还是心理上，这种无助感的破坏力都是巨大的。除了会长期抑郁之外，研究者现在还认为，这种负面的解释形态让人难以克服压力；它会使人类的免疫力下降，更易感染疾病。相比之下，"健康"的解释形态益处多多也就不令人吃惊了，比如它能够激发我们生活的动力，提升我们对一件事的持久度，当然也能提高我们的学习成绩。因此，以什么角度讲故事，是很重要的。

---

1  心理学概念，指人类夸大对一件事结果的控制能力。——译者注

关于解释形态的研究让我更加意识到，学生愿意讲述成长中的点点滴滴有多么可贵，尤其当他们面临困难抉择，却能乐观地将困境变成挑战之时。就拿凡妮莎的大学入学申请文书来说。她所在的项目专门帮助少数族裔第一代大学生申请入学。在她的申请文书中，凡妮莎认为那些有稳定生活和无数机遇的人是"幸运儿"，而像她那样生活在单亲贫困家庭的孩子则是"应该懂得感恩的人"。

> 我从生下来就不知道我的生父是谁。他从未在我身边待过一天，也有可能他都不知道有我这个女儿。我妈妈每天都在为房租和生活开销发愁。当然，有些时候，我们也不用烦恼房租的事，因为我们无家可归。不过我妈妈仍旧会为我们找到可以避风遮雨的地方。"我又没有选择一定要来到这个世界上，为什么上天如此不公平？"我时常这么问自己。为什么我的生活如此艰难，异于常人？我以前觉得，一定是我上辈子做错了什么事情，所以上帝要惩罚我。但长大成熟之后，我终于明白，这一切只是考验，考验我能不能挺过生活的艰难，永不放弃。我挺过来了。我曾经以为我是那种"应该懂得感恩"的小孩，现在我明白了，我其实也是幸运儿。我虽生在单亲家庭，但是我仍健康长大了。是的，生活很难。但是我和我的妈妈一起扛了过来，并成为彼此的动力。（欧力、迪考斯塔，2012，91）

29

凡妮莎的文章，体现了塞利格曼提到的两种解释形态的过渡。一开始她是消极的——"为什么上天如此不公？"但随后，以她妈妈努力为她找遮风避雨之所为榜样，她开始把这一切困苦看成一个"考验"。有了妈妈作为榜样，她认为自己可以直面生活的艰难了。用"通过考验"作类比，她的叙述开始散发主角的光彩。保罗·塔弗《孩子是怎么走向成功的：勇气、好奇心及其性格中内在的力量》（*How Children Succeed: Grit, Curiosity, and the Hidden Power of Character*，2012）一书同样印证了塞利格曼的观点，这样以自叙来获得自我理解的方式，与学业成功息息相关。

目前有研究表明，分享家庭故事，通晓家族历史能够让一个人元气满满，也能让他性格更为稳定。心理学家罗冰·菲伍什（Robyn Fivush，2011）和她的同事以一种名为"你知道吗"的方法询问小朋友：你知道你爸妈是在哪儿相遇的吗？你知道你出生时的故事吗？你知道你爸妈上的是哪所高中吗？通过访问小朋友这一系列的问题，菲伍什团队发现，那些知道家族故事的小孩儿对他们个人生活的掌控力更强，自尊心更强，也坚信他们的家庭能够和睦美满（费勒，2013）。除此之外，他们还发现有一种故事类型，我们称为"震荡型家庭叙述"（"哦，我们家可是经历了起起伏伏啊"）更有利于让孩子与家庭成员建立良好的关系。甚至军队也采用了类似的做法，比如组织新兵参观烈士陵园，让士兵们了解战斗的历史，以此凝聚军心。还有一些企业则开诚布公讲述自己的创业史，让员工和客户更了解企业文化，以此加深他们对企业的忠诚度。

这让我想到我们纽柯克家族中关于瑞寇·卡蒂的故事。在奥博林大学念大四的时候，我邀请了一众好友去我家玩儿，我家住在阿什兰，离我的大学大概一小时车程。我的三个男性好友开始争论棒球联盟中究竟谁才是击球王者（你们懂的，男生就喜欢对这些话题喋喋不休）。我们争来争去，有的说是卡尔·亚泽姆斯基，有的说是托尼·奥利弗，还有的说应该是彼得·罗斯。这时我的女性好友贝丝·金格蕾丝发话了："是瑞寇·卡蒂啦。"你都能猜到我们的反应对吧？作为男生的我们因为对性别的偏见，都把贝丝的话当耳旁风——女人懂棒球，怎么可能？但是贝丝坚持让我们去查《克利夫兰实话报》[1]，她说你们查了就知道了。

事实证明，贝丝是对的。

实话实说，卡蒂甚至能以平均击球率366点的成绩荣登国家队击球冠军的宝座，那个赛季他打得出神入化。贝丝虽然是一名女性，但是她以准确的数据给了我们一个下马威，也让我开始注意她。我喜欢她的大胆直白，还有她对体育的关注（当然，她也是个美人儿）。我后来娶了她，我们携手走到今天，今年还一同观看了秋季红袜队精彩的季后赛。后来我们有了孩子，我们常常绘声绘色给他们讲我们的"红娘"——瑞寇·卡蒂的故事。"如果不是瑞寇·卡蒂，你爸你妈估计结不了婚呢。你们这帮小鬼头还在天上飘着呢。多亏了他，我们才有了家啊。"（你看我家的因果关系！）瑞寇·卡蒂就这么传奇地成为我们家族历史的一部分。

在我和老伴儿结婚25年的时候，故事圆满了。我们的大女儿联系了克利夫兰印第安人球队，那是卡蒂作为棒球教练效力的最后一支球队。球队答应向告老还乡远在波多黎各的卡蒂转发我们的结婚纪念日卡片。卡蒂在上面签了名，又给我们寄了回来，上面写着可爱的祝福，他祝我们"前程丝巾[2]，快乐永驻"。

---

1 当地报纸。——译者注

2 卡蒂的母语不是英语，此处有拼写错误。——译者注

## "我写的就是主谓宾句子"

人类对于因果关系的追求甚至体现在句子结构上。我的前同事，国家书籍大奖的获得者汤姆·威廉姆斯曾被追问他到底在写些什么。他淡然回答，"我写的就是主谓宾句子"。主谓宾的结构满足了人类"行为—结果"的心理预期；让文章更为清晰，有活力。如同约瑟夫·威廉姆斯在他经典的《英文写作的魅力》（*Style: Ten Lessons in Clarity and Grace*）一书中所说：

> 清晰明确的写作风格的第一要素就是我们如何表现行为。虽然我们在此用了"行为"一词，但是这个词涵盖了众多意义：动作、感觉、过程、活动、状态——生理上的以及心理上的，实指义与比喻义。我想要表达的重点：行为并非一定是动词形式，检验一个句子是否清晰、是否鲜活的一个标准就是，看看这个句子中的行为是否呼之欲出。（1981，9-10）

写作者常常写不清楚句子中的行为，这就让整个句子读起来死气沉沉。具体表现为，用被动语态，或藏着掖着句子中的行为，或拼命使用名词就是不直接用动词（对比"我们完成了审阅"与"我们审阅了"）。最容易理解的句子，形式就是主语对宾语做出行动。那些装腔作势的官方文件之所以常常让人云里雾里，我大胆说一句，就是因为在叙述中句子的行为是模糊的。

在第四章中，我们会谈到，教科书的一个弊病就是不直接——随之而来的问题就是给读者造成阅读障碍。句子中直接表现行为，不仅对阅读感受十分重要，对于写作也十分重要。不仅对叙述型写作重要，对其他类型的写作也同等重要。即便是写理论性的文章，最理想的写作也是让读者感受到一种认知上的能量——写作者的心永远是主动态的。

## 因果关系与理解力

认知能力的研究者已经全面彻底地研究过因果关系在人们阅读叙述型文本时到底有多重要。因果关系与理解力之间关系复杂缠绵其实并不奇怪，因为"情节"本身就是一种因果关系。像是E.M.福斯特对情节的那句著名的解释："情节就是国王驾崩，接着皇后悲痛而死。"（1956，86）情节需要满足人类与生俱来对时间轴上因（国王驾崩）果（皇后悲痛而死）的偏好。因果联系加深了人们对文本的理解，对此研究者做了详尽的分析。

最初对"故事语法"的分析，集中在对故事主角塑造的目的性上，他/

她（或是它）面临的困境，以及解决冲突的方式。读者更容易回忆起故事中这些"高层次"的特征，而不是那些次要的情节或是背景的细节。随后，汤姆·巴索以及保罗·范·登布鲁克（2000）的研究通过定义叙述中的因果连接重新修改了"故事语法"模型，他们的研究表明，读者会"修剪"掉那些与因果连接无关的细节。不出所料，当阅读的目的更为明确，时间轴恒定，故事的逻辑更为紧密时，读者对文本的理解力得到了提升，尤其是那些一开始对文本话题并不熟悉的读者。（林登侯姆等，2000）

就我论证的目的而言，以上的研究有两个缺憾。其一，实验中的文本都是相当短而直接、类似寓言般的故事。换言之，长文本，尤其是那种"混合式"文体中可能存在的阅读挑战在这种短文本中并不存在。所以，尽管研究证明了因果联系可以加深对文本的理解力，但是对于长文本的阅读，研究者没有做出明晰的解释。其二，研究者特意将结论局限于阅读故事文本。对说明性文本阅读理解的研究相对较少，一部分原因大概是"说明文"是一种较为广泛的概念（通常也多借故事的形式），这一点我在前文就提到过。因此，即便因果关系、时间顺序和理解力是研究说明性文本的关键因素，我们也知道这些因素的重要性，但它们在说明性文本中的作用还没有定论。

一个有趣又重要的特例，是两名西班牙研究者侯赛·里昂、加拉·佩纳巴（2002）的研究。他们想要搞清楚科学文本中因果关系和承接关系。他们的研究一上来就陈述了我之前提到的观点——时间顺序反映着我们认知世界的过程，我们更倾向于以前因后果的方式理解世界。两位研究者阅读两份不同版本的科学文本段落：一份报告开篇即告知读者，河流已死，接着才叙述其中的原因；另一份报告按照时间顺序，一步一步向读者解释城市污染如何破坏河水，最终导致河流枯竭。事实上，第二份报告更像是一个故事，其中有着时间的"自然"过渡。研究者得出的结论我们大概都猜到了，按照时间顺序所写的文本更利于读者理解，因此研究者总结说"在科学文本中，承上启下是完善因果结构的可靠标准"。（2002，171）在第四章中，我们会将此结论运用到一些教科书的段落中。

我并不是说阅读科学性文本与阅读故事没有区别，也没有规避其中的难点。我们读故事的时候，很少会遇到专业术语，即使遇到不认识的词，只要对上下文猜测一番，也基本能够理解其中的意思。阅读科学文本，却完全不是那么回事。若认定因果关系是人类理解世界的必要因素，却否认叙述能帮助理解科学概念，这也太可笑了。科学，绝不是对静止概念的描述和归类。科学处处是律动：进化、变形、繁殖、转化、变异、幸存、生与死。万事万物，无一静止。有一点千真万确，人类的心灵是不断编织故事的永动机——我们在梦中讲故事，以故事镌刻记忆，通过故事我们渐渐看清自己，也看清这个世界。

我真是不懂，我们为什么要抛弃故事呢？

## 我来评一评

叙述并不是一种写作类型。或者说，叙述不仅仅是一种写作类型，叙述有着更深刻的涵义。叙述是人类心灵的一笔财富，是我们内心不可缺失的理解力，它近乎一种本能，就好像我们害怕摔倒，又好像人类生来需要陪伴。优秀的作家懂得如何构建情节——设立一个有解的悬念——这么一来读者就会乖乖读下去。因为作为人类，我们的本能就是不断询问："究竟怎么回事呢？"

然而在学校，叙述文体或故事总是被人为强加给某个年级（比如，"9年级阅读叙述文体"）。又或者，我们总是将叙述看成纯文学，完全不理会叙述中同样包含着说理和实用信息的目的。但我仍然认为，我们有颗天生喜欢故事的心，有时我们明明知道这么说有点怪，还是会忍不住以叙述的口吻描述心情（比如，"今天我的电脑讨厌我了呢"）。无论是在文学修养还是在信息的实用性上，写作都离不开叙述。当我们开始讲故事——开始将经历的一切看作有因有果，据此加以解释——那么我们就对人生有了掌控。我们将会对生命的无常和宿命论报以冷眼，转而相信这个世界自有逻辑可言。我们身处时间的洪流之中，仰仗各种对生命形态的记录，感知时光如驹。

如果叙述是理解力的根本，那我们是不是应该重新考虑它在课程设置中扮演的角色呢？

# 第三章
# 痒了就挠挠

*音乐具有即时性……然而想要听明白音乐里的
形式，那可是件花时间的事儿。*
　　——伦纳德·伯恩斯坦，1964　青年音乐会

*实际生活中，冲突总有负面含义，然而在小说
中，无论悲喜，戏剧冲突是根本。因为在文学
世界里，人物陷入困境小说才会好看。有困
境，才有阅读的乐趣。*
　　——珍妮特·芭若薇、伊丽莎白·斯塔克-弗
兰奇、奈德·斯塔克-弗兰奇，《小说写作》

## 论形式的作用

　　纪实文学近来着实"性感"。最近我常常听闻这一说法，究其原因，大概是人们越来越想在纯文学和纪实文学中寻求平衡。至于为什么用"性感"这个词，估计说这句话的人没考虑那么多，只是想表达纪实文学很红，或重要性被人承认而已；对他们而言，这只是一种比喻，不像我还要絮叨絮叨其中含义。对我来说，"手不释卷"是一种神秘的吸引——作者邀你与其同行，而你对他/她渐生依赖。

　　想象一下，一人捧书潜心静读（读的可能就是这本拙作）。旁人看不出端倪，只觉她不时翻动书页，或偶尔移开目光，撩拨秀发。时光分秒流逝，她却仍悉心阅读；那么长时间，她静静与作者（我）相处，难道不是奇迹？这种高度集中的注意力很难仅仅从认知角度解释，也并非作者提供立论加论据就能成立，即便以上两点也有其重要性。然而更为重要的是，有一种看不见的吸引力渐渐生成——若这种吸引力有形，她一定能感受到它在体内摇曳生姿。若这吸引力减弱，她定会坐立难安，哈欠连天，频频起身走动。对读者来说，身体会最先拉响警报。因此身为作家，我得练就十八般武艺留住读者；我要做的，可不仅仅是传递"信息"这么简单。

　　作者要在文章中给读者制造期待与惊喜，好奇与满足，让读者搔痒而后止。伟大的修辞学家肯尼斯·伯克（Kenneth Burke）给文学形式下过一句著名定义："唤起欲望，然后满足欲望。"（1968，124）文学形式就是通过"一系列事件"或是情节，吊起你的"胃口……然后让你饕餮一番"。我说过，这是我听过对"形式"这个词最为性感的注解。在传统写作教学中，形式总是与公式画等号——所谓公式就是之前提到的"汉堡"的种种变体。在写作中教公式，带来的后果就是学生对文章形式的作用一无所知，也根本不知道形式用得好其实可以挠到读者的心里。

阅读的快感或许无法一蹴而就，事实上，许多情况下适度的延迟反而带来更为强烈的愉悦：

> 这种满足感——人类的生理机能就是如此精妙——有时候会裹挟着短暂的失落感，但最终你会明白那短暂的失落下，是更为赤裸的满足，那种失落最终会推着你走向满足的巅峰。（伯克，1968，31）

## 阅读叙事

彼得·阿尔伯（Peter Elbow）告诉我们，阅读是当下的反应——具有即时性，发生在分秒间。我们喜欢把阅读分类——文风、结构、正确性——但这无法解释我们在阅读瞬间究竟"发生了什么"。我的同事鲍勃·康纳斯称其为"静态抽象概念"，他认为将阅读做此分类根本解释不了阅读这一行为。你给结构打3分，对读者而言有何意义？这么标注一下，读者就能明白此处故事开始走向崩溃或出现问题？

阿尔伯认为，若想真切感受阅读，我们就要在阅读过程中追踪读者的感受。什么地方最有吸引力？什么地方让我们笑逐颜开？什么地方让我们困惑？什么地方让我们疑云丛生想举手发问？什么地方我们"和"作者一同在路上，什么地方这种吸引力逐渐褪去？这些都是阅读中的重要信息。

"追踪"的主要目的，是为了帮助作者想象读者的阅读轨迹。写作，说到底，是为了让人阅读。要想写得好，我们得想象读者阅读中分秒间的反应——如此一来，我们就得把写作想成一个过程，而不是罗列分类。如果读者坦白他们的阅读过程，那我们在写作的时候，就能内化或想象这一过程。

伯克在其他书中也谈到过如何感受文本或音乐作品中的"情感曲线"。当然，伯克仍对科学文本的写作形式（好奇心或许是阅读最大的动力）与文学性文本的写作形式进行了区分，文学性文本更注重"修辞性"，可以被重复欣赏。但伯克的概念延伸至优秀的纪实文本也说得通，他解释了为什么我们会手不释卷——虽然这种说法或许会让一些研究认知的学者坐立难安。

彼得·阿尔伯在《白话中的口才力》（*Vernacular Eloquence*）一书中认为，所有的优秀作品都可以用这一概念解释。在阿尔伯看来，阅读就是行走于时间之中；而漂亮的作品则会"凝结时间"，以工整的叙事顺序让读者心花怒放，或者用伯克的话来说，就是让读者体会到"形式"之美。但大多数时候，我们会将时间静止这种美好的感觉视觉化，比如我们常会用"结构"这个词来解释这种感觉：

> 若想更好地理解当代媒体——音乐、演讲、电影、戏剧以及写作——就要避免使用形状、构造、形式这样的词，因为这些词不可避免会将感觉视觉化。若使用"连贯性"这样的词，理解起来就顺畅得多，因为"连贯性"既有结构的意思，又不完全局限于空间的视觉感。"结构"这个词之所以让人感到费解，是因为它把两个完全不同的概念混为一谈：物体在空间维度如何组合，以及事件在时间维度上如何排列……写作绝不是撇开时间概念只谈逻辑，写作需要让文字在时间轴上排好队，乖乖讲故事。（2012，302）

好的作品会有"时间上的张力"。它是"动态"的，并非静止的图表结构。作家需要在写作的过程中给作品注入能量，然后通过文字间的"律动"将时间凝结；结构，其实就是一种"能量"，这种能量或推动，或激励，或诱惑着读者不断向前。那么实际操作起来又是怎么一回事呢？

> 既然阅读也是在时间线中探索一系列事件，那么和我之前所说的音乐同理。优秀的作家会在作品中给读者制造期待、沮丧，先满足读者一半胃口，或让读者暂时止个渴：他的作品应该是一系列精心设计的局，吊起读者胃口，然后让他们吃个饱，搔到他们的痒处。（阿尔伯，2012，303）

凝结时间最明显的方式，就是运用故事结构："叙述，本身就是一种通用语言，它能够制造一系列的期待与满足——让你痒，让你搔"（阿尔伯，2012，305）。

阿尔伯认为，就算是写分析或学术性文章，叙述也是必不可少的。"essay"[1]这个词，为法国作家蒙田所创，它本身是一个法语词，意为"尝试"。好的"essay"，读着便能听到作者大脑运转的声音——如何引出问题，归类解决问题的可能性，细致叙述思路，完全是一趟心灵之旅。即使是正式的学术文章，也需要首先陈述问题，勾起读者好奇心和读下去的欲望。能够吸引读者的作品，读起来就像亲历了作者的写作过程，这是作家梦寐以求的效果。著名的神经学家斯图尔特·菲尔斯坦在他的书《无知，推动科学发展》（*Ignorance: How It Drives Science*）中提出，科学家应该经常讨论讨论他们不知道的东西，这种"无知"其实能更好地推动科学界的交流：

> 我们感到困惑的时候，才会聚在一起商讨问题。提问远比回答简单得多，也更为重要。承认自己的无知，才能让我们感到众生平等，与无限的宇宙相比，我们每个人都显得异常渺小。媒体应该普及这一观点，科学家更应该以身作则。科学家应该明白，在公共场合直言自己"不知道"并不是愚蠢的表现。科学世界中，愚蠢与无知不能画等号。（2012，173）

我读过保罗·迪克吕夫的《微生物猎人传》（*Microbe Hunters*，这本书现在都出了72版了！），这本书就是典型的求知型科学文本，并不给你答案，而是启发你不断探索。

持续性阅读的另一个重要因素，是文风。小说家一直喋喋不休誓要寻找最适合自己的"文风"——比如理查德·福特，他会大声朗读自己的小说，揣摩遣词造句，细细聆听其中音韵。他不厌其烦朗读自己的作品，虽然他知道作品一旦成书，读者是不太可能以朗读的方式读小说的。文风是恒量，是作者在作品中的化身，是情感的流露，是性情，是故事的讲述者，也是阅读中的指路明灯。只有在电话簿那样的文本中，我们得到的才是未经加工过的信息。在写作中，讲故事的人都会对信息进行调味，他们的存在就是故事的一部分，就好像你第一次去蒙蒂塞洛[2]，导游一直跟着你，也就成为你旅行的一部分。当讲故事的人消失时（教科书就会有这个问题），想让读者继续读下去就困难了。讲故事的人存在感越强，文风越吸引我们，我们就会更加手不释卷（对此，在第五章中我们会有更多讨论）。

---

1　文章。——译者注
2　美国城市。——译者注

## 标题与重要引述

文章的标题对读者起着导引作用——标题起得好，本身就给文章制造了一份期待和张力。标题是最先映入读者眼帘的，读者就标题开始揣测作者的写作意图，是激发读者阅读动力的第一个加油站。

但对学生而言，如果你不明确表示他们的文章得有标题，多数情况下他们就忽略标题直接写文章了。学生也常常搞不清标题与标签的区别。"盖茨比的性格"是一个标签，平淡无奇。相反，如果标题为"盖茨比真的了不起吗？"，那么文章从一开始就种下了第一个悬念。

还有一种标注出重点的方式叫作重要引述，你可以选择一两个句子单独放在文本框中，就像你现在读到的这个。这种方式不仅能让你的文章看起来更为专业——它也能帮助你提炼文章的重点。

### 好了，那么这一切对阅读和写作而言意味着什么呢？

假使你同意我的观点，认为所有文章的深层结构都是叙述，承认叙述并不是一种单一的小儿科的写作方式，你就会发现这让你的阅读和写作大大受益。作为老师，我们可以给学生演示如何抽丝剥茧寻找文本中的观点和信息——学生也可将这一套用在自己的写作中。经过反复练习，我们最终会明白阐述的奥秘。开头几步是这样的：

锁定麻烦。托尔斯泰史诗般巨作《安娜·卡列尼娜》的开篇大家耳熟能详："幸福的家庭都是相似的，不幸的家庭各有各的不幸。"不幸，或其他形式的麻烦，是情节的起点；故事的主角要不就是深陷泥潭，极力避免某种局面，要不就是必须直面生命之殇，或受到某种诱惑。我们来举个例子，比如本·马科斯的小说《你究竟干了什么》（*What Have You Done*）的开头。

保罗的飞机降落在克利夫兰机场，他们已经在那等着他了。他们可能来了有一会儿了，旅客们不断地涌下滚梯，用目光巡视着家人。他们就在滚梯旁安营扎寨，聚在一起，盯着机场提示飞机到达的屏幕，在潜意识中，也在他们的心尖上，总之他们整颗心都在祈祷保罗会像往常一样——或不一样——不要回家。（2011，55）

好纠结的开头。保罗明显不想待在这儿，拜访他"多愁善感"的一家（整篇文章里，他的家人都用"他们"指代）——此外，至少保罗也觉得，他的家人其实没想到他真的会回家。读者通过这个开头段，了解到保罗全家以前也聚在机场等待过他，而保罗并未出现在机场。但他此刻在这儿，他的家人也在，那么整个故事就有了向前发展的推动力。这次的相聚究竟会如何呢？背后究竟有什么故事——为什么双方看起来都心不甘情不愿？我们通过短短的开篇，也能感觉到叙述者的口吻，首先是以保罗的视角出发，其次满是对家人的负面评价（以及对他自己的负面评价）。

现在我们再来看一个纪实文本的开篇，这是麦克·波兰《为食物辩护》（*In Defense of Food*）的开头段，这本书应该被归为论辩文：

> 吃。别吃太多。最好多吃植物类。
>
> 以上，大概以最简短的形式回答了困扰了人类很久的复杂问题——究竟吃什么才是最健康的？
>
> 我也不想开篇就平铺直叙给你答案，我也想把事情搞得复杂一些，这样我也可以再将它多写个百来页。我会尝试拒绝这个诱惑，行吧，我就再加点细节进去美化一下我的建议。比方说，吃点肉也不会怎样，不过肉类更应该是配菜，而不应该是主食。还有，你最好吃一些纯天然的食品，而不是抱着加工食品不放。这就是我开头所说的"吃"。怎样？现在听上去好像也没那么简单了吧。（2008，1）

这本书也一样，开篇也让读者纠结了一下。为什么这位食品专家给我们的主要建议就是"吃"？为什么这条建议居然会有争议性？谁不知道"吃"？这条也能算是建议？为什么他后来又说"没那么简单"？是什么阻止我们"吃"？换言之，这本书开篇就有了情节。我们得"挠痒"了。

同时，我们也感受到我们的"伴游"栩栩如生出现在眼前。波兰开篇即说："我也不想开篇就平铺直叙给你答案。""答案"？"我也可以再将它多写个百来页。""它"？这就好像波兰在说，"我决定要写这本书真是太蠢了，因为它实在太显而易见了，然而我还是要说给你听"。好了，这下我们大概了解我们的"伴游"了——他有一种艺高人胆大的气魄——好吧，我愿意和他同行。

既然你还在读这本书，你大概也感觉到了我正尝试照着我所说的做。我们想要将写作分类，这件事本身就很"麻烦"，一方面我们内心对叙述无比渴

彼得·拉比诺维茨《阅读之前》（1998）中提及的
"注意法则"

> 以下是一些写作中需要特别注意的点：
>
> 标题
>
> 开篇
>
> 高潮/重点细节
>
> 进一步描述
>
> 变化，比如：行文变化、场景变化
>
> 观点
>
> 重复性
>
> 惊喜与破裂
>
> 结尾

求，可是我们一写到其他文体时就觉得叙述幼稚可笑，这二者之间也是冲突。计划书、研究报告的写作也符合这一模式——"麻烦"也在那儿：一些没解决的社会问题，或是研究领域无法妥协的立场，或是出现了新的证据挑战了大众认知。把其中的"麻烦"讲清楚，是学术阅读和写作中必不可少的部分。

乔纳森·贝特的《镜像人生：征服世界的莎翁》（*The Mirror of Life: How Shakespeare Conquered the World*）也是个很好的例子。虽然这篇文章的开头不及波兰那么夺人眼球，贝特却还是以一个长长的首句，不动声色地引出了问题：

> 1612年，莎士比亚刚开始与约翰·弗莱切合作，那时弗莱切大概已经准备隐退，年轻的剧作家约翰·韦伯斯特在他的剧作《白魔》的序言中大赞同一时代的剧作家：乔治·查普曼宏大的叙事，本·琼森的博学，弗兰西斯·博蒙特与约翰·弗兰切的强强联合，以及"莎士比亚先生、戴克先生、海伍德先生的勤奋多产"。（2007，37）

读到这里，今天的读者估计感觉怪怪的。大名鼎鼎的莎翁居然屈居他人之后，甚至都没个完整的句子夸赞他，好像只在最后随便一提？最古怪的是，夸赞他不是因为他的作品，而是因为他的勤奋多产（虽然他真的是个工作狂）？这明显与莎翁今天在文坛的地位不符。莎翁究竟何时、如何成为所在时代的翘楚？又是何时、如何成为英语文学界的泰斗？你看，这就是贝特想要在文章中回答的问题。就一句话，文章中那种剑拔弩张的悬念已经成型了。

也因如此，文章的开头应该被细细研读，可能的话还要多读几次。有太多信息都在开篇出现。作家们煞费苦心开篇——这就是为什么许多作家都说文章的开头会让他们心力交瘁。落笔即锁定了话题，暗示了要解决的问题，传递了文章的叙述基调，承担着读者随时失去兴趣的风险。

当我听到学生在学"介绍话题"[1]时，我内心的潜台词是，"介绍？啥东西？你以为开茶话会吗？"开篇可不仅仅是"介绍"论点；作者的挑战（当然，也是乐趣）在于，他得告诉读者论点存在的必要性，他得给文章勾画出精妙的构造——读者会感同身受，并愿意与其同行。

**找准角色。**读小说的人一开始阅读便会下意识地问：角色是哪些人，他们之间有何冲突？我们对托尔斯泰笔下的幸福家庭可没什么兴趣。分析性写作同样需要可碰撞的观点，可比肩的答案，弱势和强处，甚至也需要好人和坏人。若书中角色能够代表不同立场，故事就会好看得多。写作是对话，不同声音此起彼伏，作者负责协调各方声音。理解文本的关键，就是把读者调到"冲突频道"。

几年前，我自己也陷入过一次阅读困境。我当时要教一门面向研究生的修辞学理论研讨课，课上涉及的理论横跨两千年历史（大多数别的学校都负责任地将跨度如此之大的理论分成不同的课程）。我手上倒是有一本不错的文选，但是那本文选收录了太多作家作品、不同派系的学术传统、不同的纪元、修辞学年刊，以及各种类型的写作风格，简直太让人崩溃，我完全不知从何下手。这当然可以算是教学设计上失职。但我决定带着问题开始阅读——"这个作者在回应谁？和谁叫板？出于什么原因他写了这篇文章？"在那门研讨课上，虽然我和我的学生都知道书多到我们已经看不过来了，但是我们还是扎了进去并尝试建立文章与文章间的对话。这一招，后来成了我的法宝。

**专注思维模式。**阅读，如我所言，并非只抓重点的寻宝游戏；而是学着与作者同行。格雷琴·贝尔纳贝（Gretchen Bernabei）会鼓励她的学生在阅读纪实文本时，制作流线图，以此追踪作者的思路（2005）。比如，美国历

---

1 Introduction，即开头段。——译者注

史上一篇有名的文章，马丁·路德·金的《我有一个梦想》。若以传统观念看，这篇文章（演讲）大概会被划为"说理文"而不是"记叙文"。但若想理解这篇杰作，读者（或是听众）就得留心"情节"，甚至还得留心将整篇演讲衔接得天衣无缝的时间轴。

文章开篇，麻烦浮出水面。金一开始就提及了林肯的承诺以及《解放黑人奴隶宣言》，接着他语调沉重地提醒听众这一承诺至今并未实现，种族隔离也仍然存在。他一开始就提及了整篇演讲的中心冲突——承诺的自由与现实中的种族歧视。在演讲的中段，他的重心转移到我们如何才能到达"乐土"——我们需要保持冷静，也要有原则性，才能对抗暴力冲突。在演讲的最后，也是最著名的部分，金向我们描述了何为"乐土"。我以为，理解这篇演讲的关键在于明晰其中冲突与对策的构建，这一点常被我们忽略，因为我们大部分注意力都集中在这篇演讲鼓舞人心的，也更为脍炙人口的结尾部分。其实更为重要的是，这篇演讲立足历史，回顾过往，着眼今日，也预示着未来。

### 两条关于阅读和写作的"傻瓜原则"

如果非要给点建议，可是又要遵循推文[1]的字数限制，我大概会就阅读和写作给出下面两条建议：

1. 像读故事那样读书。
2. 像写故事那样作文。

你看吧，这才几个字啊。

我猜你可能觉得这建议也太不靠谱了。阅读，现在被认为是"火箭级别的科学"，复杂到凡夫俗子根本搞不来。但是即便我们读的不是戏剧、小说这种大起大落的文本，读得津津有味的可能性也是存在的。当然，你可能会说，我们在读戏剧、小说、传记、回忆录甚至是诗歌时，用读故事的方法当然没问题——但是评论文章、报告、论辩文、分析性文章也用读故事的方法去读？这也太扯淡了。

但是，事实就是，无论何种文本我们都可以将其"戏剧化"。我们可以寻找文本中的"危机"。是什么问题、事件、"麻烦"推动了文本的写作？其中亟待解决的问题是什么？对立方的立场如何？是否有其他的解决方案？读

---

1 推特，类似微博，每一篇推文不能超过140字。——译者注

者可能会在文本中寻找或建立这种"摩擦"，预设更多的可能性，引入一个"反派"。如果文章只有一个看似毋庸置疑的观点，那你肯定是上当受骗了。这时你可以自问：这个观点或意向会带来什么后果？结果会不会出乎意料？换言之，即使是最抽象的观点，也需通过一系列的"行动"实现。好的作品中自有动感、节奏、预期，用我的话说，就是"情节"。思辨性阅读在意的，就是文本中的"摩擦"——那些"麻烦"。

但很不幸的，如我之前所说，学生在学校里学到的，是静态非对话性的阐述；是"万年长青"的五段式写作模式。杰拉德·格雷夫与凯西·博肯斯坦是《他们说/我说：学术写作的重要步骤》(*They Say/I Say: The Moves That Matter in Academic Writing*) 的作者，这本书相当有影响力，在书中他俩指出了学校传统写作教学的弊端：

> 最为常见的情况是……学校的写作课让学术写作看起来好像身处真空，老师告知学生他们得在文章里说一些"真理"或显摆"智慧"，说得好像没人接你的茬，你真的能"左右互搏"一般。假如你也在学校学过"五段式"，那你一定知道首先你得有一个论点，然后是论据论证。这听起来挺有道理的，但是我们忽略了一个重要的点，那就是在真实世界中，别人不挑衅你，你是不会跑去和人吵架的。我们之所以会燃起"战火"，是因为有人说了什么或是做了什么（或者该说的没说，该做的没做），我们需要对此作出回应。(2007，3)

格雷夫和博肯斯坦告诉了一件我的写作老师从没告诉我的事——他们向我解释了什么才是"有价值的论点"。小说中何种境况需要作者详加解释？我写的文章要解决的问题是什么？有了解释的动力，才有我说的"戏剧"或是"情节"。"动力"预示着一种张力、"摩擦"、困惑、未完成、发言的必要。如果我们只是随声应和，人云亦云，为那些已经太过明显、丝毫称不上"新闻"的事件和观点背书，那我认为根本没有聊下去的必要了。什么都没有发生有什么好聊的。正因为我们想要解决问题，想要回应"挑衅"，才会有情节，才会有争论，才能把故事讲下去。卓越的论辩会让人"感到"戏剧张力，尤其当论辩能够反驳窠臼和"常识"时，更是令人耳目一新。

### 论点前的跋涉

我之前已经提到过，若过分强调论点对文章的作用，我们会毁了学生的思辨力。论点并非不重要，但是更重要的是我们要告诉学生如何才能确定一个论点，为什么需要这个论点，之前要如何铺垫才不会显得太过突兀。这个论点说明并解决了什么问题？搞清楚这一点，我自己也花了好几年时间，我大学期间所写的那些平淡无奇的文章就是牺牲品。我知道我得有个论点，我也得用论据论证，但是对什么才是"好"论点，我完全没有头绪。我觉得我在徒劳地为自己的观点辩护，而这些站不住脚的辩护从没让我得过C+以上的分数。我总觉得写出好文章的标准就在那儿，显而易见，可是我就是抓不住。我的问题不在于无法论证观点；我的失败在于即使我有观点，我的观点也无法解决问题，那些妙趣横生的问题，我可是一个也答不上来。

如果那时，我聪明绝顶的同事盖里·林登伯格能教我的话，那就大不一样了。盖里会让他的学生遐想故事中人物的抉择，他让他们大胆猜测这些角色是否还有其他选择。以下是一份盖里设计的写作提示：

> 就故事中的任意角色，描述一下他/她在那个特定场景中可能会说的话，可能会做的事（但在故事中，他/她并没有那样做）。请用清晰的语言解释，为什么你选择分析的这个角色会这么做。你能看出一些书中并未说明却指引其言行的线索吗？（1986，150）

这个写作提示真的很妙，它对故事本身具有生成性，并打破了文本的绝对性——故事的走向会就此改变吗？我们试着想一下《了不起的盖茨比》中的场景。黛西和盖茨比在酒店和黛西的丈夫汤姆摊牌，场面十分难堪，然后他俩回到长岛。回去的路上，汤姆的情妇茉特尔·威尔逊以为是汤姆在驾驶，于是冲到了车前，结果被车撞倒即刻毙命，然而那辆肇事的车却并未回到事发现场。书中给了读者两份证词——一份来自目击者：

> 报纸称那辆车为"死亡飞车"，它停都没停；它自黑暗中冲出，悲惨地晃了晃，消失在下一个弯道。（菲茨杰拉德，1925/2003，144）

当日晚些时候，我们听到了盖茨比向尼克·卡拉威口述的经过：

> "是黛西开的车吗？"
>
> "是的"，他顿了一会儿说道，"但是我当然得说是我开的车。我们离开纽约的时候黛西紧张得要死，所以她才觉得开车可以抚平她紧绷的神

经——结果那个女人就突然冲到我们车前，不巧的是她冲过来的瞬间，对面车道恰好开过来一辆车。真的是一眨眼的工夫发生的，但是我当时感觉，那个女人好像冲上来想和我们说些什么，估计把我们错当成另外什么人了。一开始黛西是把方向盘往对面车道上打想要避开那个女人的，结果对面的车吓到她了，她又把方向打了回来。我刚来得及抢过她的方向盘，就感到方向盘明显一震——完了，我们一定当场撞死了那个女人。"

"把她撞开了花——"

"拜托伙计，别告诉我。"他皱了下眉。"总之——黛西从她身上轧了过去。我试着想让她停车，但是没成，我只得拉了手刹。接着她就倒在我大腿上，然后就换我开车了。"（151-152）

在盖茨比这段叙述中，他做了两次决定，两次其实都是他角色性格的体现。他首先默许了黛西开车，听从她"舒缓神经"的说辞，但回想一下酒店难堪的场面和黛西受到的刺激，作为读者，我们觉得盖茨比应该阻止黛西开车。

然而他更大的错误在于撞了人却不停车，逃离了事发现场，甚至是犯罪现场。他当时已经拉了手刹停下了车，其实明明可以调转车头开回事发现场。盖茨比会这么做，明显是要帮黛西脱罪，但是他也可以自己开回事发现场，承认事故发生时是他开的车。还有另一种解释，就是他不想承担任何法律责任，就是想驾车逃逸，但是从盖茨比的表现来看，他一开始好像就想替黛西揽罪（故意说自己开的车），所以这个解释不成立。

到底是他性格或行为模式的哪一方面，导致盖茨比在那一时刻，选择站在道德的对立面呢？在我看来，这是一个很有意思的问题，很值得探讨。

他开始或许有开回去的打算，因为他当时把车停住了，但是当她"倒在他大腿上"时，他又改了主意。也许在那一刻，他感到自己终于拥有了黛西，那是他长久以来的梦想，所以那一刻除了黛西什么都不存在了。事实上，就在他和卡拉威谈话时，他已经明确表示自己不想听任何关于茉特尔或事故的消息，他把一切都甩在脑后，唯一在意的只有黛西。在回忆完事故后，盖茨比还惦记着黛西：

"她明天就会没事的"，他过了一会又说。"我就在这等着，看他还敢不敢拿今天下午这不愉快的事儿骚扰她"。（151-152）

就好像茉特尔被撞死这件事根本没发生过一样，至少在盖茨比的意识中，这件事根本不存在。他仅仅把这起事故当作"不愉快的事儿",轻描淡写一带而过。对盖茨比来说,除了黛西,其他什么都不重要,不仅如此,他还希望黛西也能够把这起事故抛在脑后,"明天就会好起来"。

卡拉威在这一场景中做的决定也挺有意思。他明显对盖茨比表露出来的冷漠感到万分恶心——但是他选择藏好自己的情绪;他选择不告诉盖茨比,有人目击了这场车祸。他对此的解释是:"这一次他实在惹毛了我,与他争辩根本就多此一举。"(151)

听上去好像不太合理。反应越强烈,越选择缄口不言?他和盖茨比的关系难道已经疏远到这么关键的信息都不透露了?连尝试一下都不愿意?作为读者,你相信卡拉威的解释吗?又或者,另有其他真相?会不会是他仍然对盖茨比心存畏惧,以至于他根本不敢正面冲撞盖茨比?——卡拉威这种被动软弱听话的性格,在小说其他地方可曾出现?

菲茨杰拉德本人在写这一场景时,也改了好几稿。最初的那份手写稿(现在已被普林斯顿大学收入电子档案中)与我们最终看到的版本有些许不同。在最初的手稿中,盖茨比的自述是这样的:"嗯,车是黛西开的没错,但我俩都同意说是我开的车"(复制手稿,212)。但在最终稿中,盖茨比的意思是,决定为他一人所做,与黛西无关。这样一来,他便圆了自己救世主的梦。

比较最终稿与初稿,我们还能发现一处很有意思的修改。盖茨比拉手刹停下车的那个场景中,菲茨杰拉德改了一个词。初稿中,黛西倒在盖茨比的"怀里"——浪漫爱情的经典一幕。但是在终稿里,她倒在了他的"大腿上"——连青少年读者都能感觉到这两个词大有不同。黛西这一举动是妥协?是作为一个女人最终臣服于盖茨比?是通过身体操控盖茨比?决定权在你。

在林登博格的写作提示中,他提醒学生注意这一决定是否有过"先例"——之前是否也有类似情况?盖茨比心里只有黛西以至于忘记了基本道德?有个最明显的例子,他同梅尔·沃弗斯坦勾结,并参与了1919世界大赛假球事件[1]——有人说盖茨比从中获利。除此之外,车祸前的一幕也很有代表性。当时盖茨比坚持要卡拉威和乔丹·贝克与他和黛西一同前往宾馆,见证黛西离开汤姆,尽管盖茨比清楚知道这一举动会对两人造成多大的负面影响(难道这就是卡拉威最终与盖茨比恩断义绝的原因?——这也不失为一个好问题)。

小说的最后,卡拉威终于斥责了布坎南夫妇:

---

1 指1919年棒球联盟赛,芝加哥白袜队与赌客勾结打假球。——译者注

> 汤姆和黛西，他俩的字典里没有责任二字——他们任性妄为，把别人的生活搅得一团乱，然后躲进财富之中，沉醉于他们自认的"洒脱"，或其他什么能让他们"夫唱妇随"的把戏中，烂摊子丢给旁人收拾。（188）

可盖茨比不也一样吗？他不也对黛西碾压尸体、开车走人视而不见吗?！不也参与了假球赌博却毫不愧疚吗?！盖茨比身上难道没有道德缺陷吗？如果是这样的话，卡拉威凭什么说盖茨比强过他们所有人呢？你被说服了吗？你真的认为他"了不起"吗？

问题环环相套，所以文章中的分析不能只是围绕论点展开，还要试着提出新的问题。分析，在于引出更多对话。通过仔细研读一个场景（而不仅仅就一个宽泛的论点找论据），我们才能帮助学生找到分析的"锁眼"，解开书中的事件或"麻烦"的谜团——前提是他们得仔细研读。这么做的另一个好处在于，学生不用以社会学、哲学的角度论辩，因为其一，他们并没有这方面的知识；其二，在文章中讨论社会学、哲学的问题，根本偏离了对小说的具体分析。学生作为读者，应该相信自己的直觉判断，罗宾诺维茨和班克罗夫特称之为"读人"（2014）。黛西把头放在盖茨比大腿上时，她在想什么？盖茨比又在想什么？两人的想法一致吗？

我并不是说要像写小说那样写分析性文章或是论辩文。但是要想吸引读者读下去，即便是论辩文也得有一个戏剧化的核心、一个情节。如同美妙的音乐，中间要有起承转合跌宕起伏。写得好，读者就不会有那种生硬的形式感，好像整篇文章都被论点拿捏得放不开，那种感觉就像是严父坐镇，君临天下。写得好，我们就能感受到作者的思路；这是一趟奇妙旅程，我们知道作者终将带领我们达到论点，然而沿途我们也参与其中，并提出些许新的问题。

## 关于我们思维的故事

格雷琴·贝尔纳贝所做的研究让人大开眼界，她向世人展示了"说明结构"的无限可能——她将其称为"关于思维的故事"（2012）。换言之，文章的结构展示的，是人类大脑的理解过程。写作激发大脑的思考。作为读者，我们其实可以窥探到作家内心。

我们研发五段式写作教学的初衷，是想让文章读起来简洁明了，结果却适得其反。博纳贝建议我们尝试用其他模板或是结构，达成我们的初衷。

对小说或文章的分析性写作一直在语文课的写作教学中占主导位置，对此，我有以下几点建议：

1. 选择文本中的一个场景，这个场景能够触发一个有趣的问题。

2. 这个问题是什么？

3. 这个问题可能的解答有哪些？

4. 这个问题的最佳答案是什么？

5. 你是如何通过对这一场景全新的理解，进一步加深对整个文本的理解的？

通过思考这些问题，你或许可以写出一篇以提问、探索为基调的文章，而不是被你一上来就定好的论点牵着鼻子走。

## 我来评一评

2012年，我加入了当地教育委员会。当我开始研究故事的结构以及信息在文本中的表现形式时，我特别留心了一下教育委员会开会时研读的报告。委员会成员需要在每次开会时听大量报告，从中提取有用信息，这可不是个轻松的活儿。因为会议是电视直播的，所以我们得表现得兴趣盎然。有些时候，我们倒也不是装出来的。那些能吸引我们认真聆听的报告，就像我说的，有一种特定的形式。这些报告之所以能吸引我们的注意，或是因为我们被其中一个事件打动，或是因为其中的张力震慑人心，可能是因为一个问题让我们焦虑，也可能是我们感受到学校某方面亟待提高。这些报告让人觉得危机四伏，可能是高中呈现疲软之态，也可能是高中生集体投票说他们最后一年不想修数学课。报告陈述人接着会向我们解释，这些危机是如何解决的，最后还会呈上一些建议。作为听众，我们好似跟着报告人一路同行，并肩寻求答案。

对于那些我们得"强颜欢笑"的报告，我只能说报告人没有很好地抓住观众，给我们一种期待感，或是戏剧性。举个例子，他们可能会一上来就冗长叙述委员会的组成，重要的信息迷失在无关紧要的数据中。我们都觉得这些报告毫无章法，只希望镜头别抓到我们在打哈欠。

形式，我坚信，并不是一个简单的结构、计划或是大纲；它深埋在文章之中，预示着行文走向和文章的律动。

2

传递信息的艺术

## 第四章
## 教科书之七宗罪

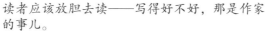

> 读者应该放胆去读——写得好不好，那是作家
> 的事儿。
>
> ——拉尔夫·华尔多·爱默生，
> 在康科德图书馆的讲话

在这个人人讨论提高标准的时代，好像我们也该扪心自问教科书编写的标准是否也该随之提高。在这个提倡"文本复杂度"以及阅读"难"文本的时代，似乎我们也该想想，学生阅读的困难（或兴趣缺失）是否有可能因为课本编写得太差了？比如华特·惠特曼称为"别扭模糊"的句子是否充斥着整个文本？在我任教的大学，最常见的情况就是课本根本不起作用，这种情况，在考试周尤为明显。

考试周来临的时候，也是复习笔记卡片隆重登场的时刻。

学生一小撮一小撮聚在一起，桌上摊着写满关键词的笔记卡片。卡片的排放杂乱无章，学生们要做的也显而易见，就一个字，背！简单、直白、野蛮地强行记忆。学生们或许会用首字母缩略或是其他技巧帮助记忆，但是就我看来，这种对知识点的强行记忆其实很难称得上是真正的学习。我怀疑学生一转眼就会忘了那些强背下来的名字和术语。当我还是学生时，绝对是一出考场就忘得精光。

所以下面我要说的话也就不足为奇了。我认为教科书写得差，原因就在于行文忽略了叙述。人类生来有寻求因果的渴望——主人公及其行为结果——当我们无法获得这一因果关系时，我们的阅读过程也就分崩离析，我们的注意力也不复存在。除此之外，人类同样渴求行文的生动有趣——需要在阅读中体会到蕴藏在具体的细节、味道、触感、图像、比喻中的观点等。

但课本除了行文风格值得批判以外，还有一点更让人担心：那种正式的、以阐述为主的语言（很明显，课本的语言就是这样）让"现实"显得异常稳定、可靠、可观测、可测量。课本里的句子给人一种"真相即永恒"的感觉，比如下面这个句子：

> 恒星发光发热的巨大能量来源，是由内部氢气化为氦气生成的。（阿尔伯，2012，83）

我们一眼就能看出这个句子用的是教科书般的语言。句子中的"是"给人一种毋庸置疑的感觉，整个句子的陈述"一眼到底"毫不含糊。可是现代物理学家对这一说法其实持保留态度——如果文本能以描述认知过程的笔法写出物理学家对这一概念态度的转变，或许会更为准确。因为科学本身就是不断进步的，科学不应该是静止的概念。如果我们对科学持此观点，认为它是动态的，那描述科学概念的语言就应该更接近口语，重点应该落在其发展的过程上。

彼得·阿尔伯改写了上述论断，让氢气转化为氦气的过程更为生动：

> 当恒星将内核处的氢气转化为氦气时，恒星便获取了它们需要的能量，以此大量发光发热。（阿尔伯，2012，83）

这个句子中，恒星成了动态的主体，甚至有了"需求"。相比其中的科学论断，阿尔伯更在意能将句子写得朗朗上口，其中关键的一环就是故事性——能将现实写得"情节丰富"，有主人公，有行为，也有结果：

> 要做到"词达意至"，语言得随着时间和空间迁移、变化。说得残酷点儿：故事比纯概念性的语言更能帮助读者理解文中的含义——甚至是概念上的意义。（阿尔伯，2012，99）

相对于一个由"是"组成的静止世界，我们更容易理解一个动态的"正在发生"的世界。

现实派或许会说，指责教科书根本是白费力气——教科书世世代代都是如此，它的写作模式不会改变，因为那些大写加粗的概念学生总要掌握。犬儒派大概会说，教科书本来就不是用来"阅读"的。就算将那些"困难"段落改得更容易让学生理解，又有什么用呢？

但是在本章中，我的观点是"改写"，即便只是在脑袋里操作，对于理解学生的阅读困难来说，也是非常必要的。即便我这一说法根本无法撼动教科书出版界（非常有可能），我们也得找出总是阻碍我们对教科书理解困难的原因。问题并不总出在我们无法掌握复杂的文本。我们需要在心里默默"修复"那些难以理解的文本——这么看来，阅读本身即改写。还有一点我也很担心，我很怕学生在写说明文时，以课本的语言作为范本。拜托，学生自己写的要比课本好一百倍好嘛！

我们举个例子，比如下面这段来自麦格劳希尔/格兰克集团编著的《生物》（McGraw-Hill/Glencoe, *Biology*）教材，12年级理科会用到这本书。这段文字描述了细菌是如何通过变异存活的。我们先来看前两句：

> 变异。如果环境转变，而细菌无法适应新环境，细菌灭绝的可能性是存在的。细菌的繁殖异常迅速，因此细菌基因变异使得细菌能够在新环境中存活。（比格斯等，2007，522）

这段文字其实写得不差，但是我觉得对学生而言，有些地方交代得还是不够清楚。比如，我觉得"环境"这个词或许太过抽象了，因为在本文中这个词有其专属意义，并非常用意。但真正有问题的是第二个句子：

> 细菌的繁殖异常迅速，因此细菌基因变异使得细菌能够在新环境中存活。

这个句子并没有接着上一句"灭绝"这个话题展开。语言学家认为，文章的连贯性来自承上启下——承接上一句，开启下一句。我把这段改了一下：

> 变异。如果细菌的生存环境发生改变，细菌就有灭绝的可能——比如，由于气候变化造成的全球变暖。若环境变暖，那细菌可能会无法适应。但通常情况下，这种情况并不会发生，因为细菌自带强大的繁殖能力，有时甚至每十五分钟繁殖一次，从而增加变异概率，加大存活的砝码。

不谦虚地说，我觉得我写的这个版本更好。我写得更为具体：解释了造成细菌灭绝的环境特征，还给出了具体的数据，比如细菌多久繁殖一次，这个细节包含了詹姆士·肯尼威（1971）所说的"惊喜的价值"。我写的这个版本，中心点以及故事间的因果关系结合得也更为紧密——环境变化威胁细菌存活，变异帮助细菌存活。总的来说，我的这个版本以主动句为主，以更多的主动语态替代了被动语态。

平心而论，无论是编写教科书，还是出阅读考试题，都是受到监管的。监管者来自不同的政治领域——黛安·拉维奇称其为"语言警察"。比如，凯撒·查维斯[1]应该被选编进教材吗？要如何巧妙处理进化论的章节，才能通过德州教材选用委员会？[2]全球气候变化能否选编进教材？就商业角度而言，淡化处理或干脆避免选择这种争议较大的话题显得理所当然。但是正是因为这种"理所当然"，审核制度变本加厉成了"自审制度"。拉维奇认为，这种人人自危的"自审制度"让历史不再完整，也让教科书的行文惨不忍睹。

本章中，我将评析教科书写作中的七种常见趋向，这七种趋向基本可以代表教科书的写作风格，甚至有人认为这种风格就是对真实世界的速写。我会逐一指出每一趋向对阅读理解造成困扰的原因。在论述时，我将辅以代表段落作为说明。其中一些段落会被改写，加入叙述、故事性以及描述，以此提升理解力。

第一罪：平淡。我所说的"平淡"，指作者拒绝勾起读者任何兴趣，哪怕他/她描述的事件其实精彩绝伦。弗朗西斯·菲茨杰拉德专门研究历史课本，她指出，教科书的标题通常十分动感，又有故事性——比如，《前进之地：美国的崛起》(*The Land of Progress: The Rise of the American Nation*)。然而起这样的标题，实在讽刺得很，因为即便文本遵循时间顺序编写，读来却毫无波澜起伏，只是"死水一潭"。

> 历史人物在这些文本的描述中严重缺失，造成的后果就是行文松散。历史事件——战争、政治纷争、法庭判决——叙述得没头没脑，就像从石块儿里蹦出的猴子，毫无因果可言。历史在课本里就像是一个个独立的事件。课本不过在摆事实，而并非讲述历史。（1979，161）

菲茨杰拉德批评过后，教科书的行文愈加松散，大概是为了适应阅读程度和注意力较差的学生。每个话题必标注题头，行文不超过三段，教科书搞得像

---

1 美国墨西哥裔劳工运动领袖。——译者注
2 进化论对于多数信仰宗教的德州民众而言，存在非常大的争议，除德州外，美国还有若干州也反对学生学习进化论。——译者注

是《人物》杂志的风格。

回想一下我在学校里学的美国历史，其实有许多这种过于扁平的例子。我们都"学过"1850年美国颁布的《逃亡奴隶法案》。颁布这个法案的目的，是为了允许南方种植园主追回逃往北方的奴隶，以此平息当时南方社会的矛盾。我们知道这个法案争议多多，许多州（例如马萨诸塞州）都表示抗议，最终也未能实施。毕竟十年之后，南北战争就爆发了。书上就说了这么多，这就是一个我们为了考试不得不记住的历史事实。弗朗西斯·菲茨杰拉德注意到，我们的历史课本无数次使用"问题"这样温和的字眼，去形容那些实则耸人听闻的历史事件。历史课本可不会描述真实世界里可怕的细节，不会告诉你一个"逃亡的奴隶"被送回南方种植园意味着什么。而更为糟糕的情况，比如一个身份自由的黑人被绑架成为奴隶，更是不可能出现在课本里的。

要搞清楚历史究竟是怎么回事，我们需要《为奴十二载》（多年后才有）这样的电影，以及托尼·莫里森（Toni Morrison）的《宠儿》（*Beloved*）或是科尔森·怀特黑德（*Colson Whitehead*）的《地下铁道》（*The Underground Railroad*）这样的书籍。老实说，我从来没想过，要是逃跑的奴隶被抓了回来会怎么样——我也有过一些想象，但大多温和，比如我觉得抓回来的奴隶至多会被监工责骂一顿而已。但怀特黑德的书讲述了历史不为人知的一面。他在书中描述了北卡罗来纳州一个镇子上的习俗——星期五绞死逃亡奴隶节。橡树下面放一个脚手架，露易萨，这个被抓回来的奴隶一步步爬了上去：

> 套索圈住露易萨的脖子，她被押上了阶梯。执刑人把绳索精准地甩过壮实的树干。脚手架下围了一群人，他们都想亲手推到脚手架。其中一人被轰了出去——他之前已经享受过杀人的乐趣了。一个穿着粉色波点裙的年轻红发女人冲上前顶替了他。（2016，163）

我们的历史教科书所使用的语言，让我们无从得知这样的历史真相。

第二罪：过度使用被动动词与被动结构。约瑟夫·威廉姆斯（Joseph Williams）在他研究写作风格的著名文章里谈到，主动动词对文章的生命力以及阅读感受大有裨益。下面这段我在前文已经引过，我觉得有必要再次强调：

清晰明确的写作风格的要素就是我们如何表现行为。虽然我们在此用了行为一词，但是这个词涵盖了众多意义：动作、感觉、过程、变化、活动、状态——生理上的以及心理上的，实指义与比喻义。我想要表达的重点是：行为并非一定是动词形式，检验一个句子是否清晰、是否鲜活的一个标准就是，看看这个句子中的行为是否呼之欲出。（1981，9-10）

文章写得"一潭死水"的主要问题，在于被动句的使用——没有主体——以及使用被动动词连接句子。

我们再测验麦格劳希尔/格兰克集团编著的《生物》教材中的一段。在下面这段中，作者描述了氨基酸在身体产生蛋白质过程中的作用：

> 在消化的过程中，食物中的蛋白质分解为组成它们的氨基酸。氨基酸被血液吸收，然后传送到身体各个细胞中。这些身体细胞，通过蛋白质合成的过程，将氨基酸合成为维持身体机能与结构的蛋白质。
>
> 人类身体蛋白质的合成，需要20种不同的氨基酸。要想维持细胞机能，20种氨基酸中，12种能被人体合成，其余8种氨基酸为必需氨基酸，必须被加入人体的饮食结构中。动物食品，比如肉类、鱼类、禽类、蛋类以及奶制品，都是8种氨基酸的来源。植物类、水果类以及谷物也含有氨基酸，但单一植物类无法涵盖8种氨基酸。然而，若将其组合，比如同时食用大米与豆类，如图表35.9所示，就能够提供所有必需氨基酸。（比格斯等，2007，1027）

尽管信息清晰，但段落有重复被动之感。其中一个句子尤甚：

> 其余8种氨基酸为必需氨基酸，必须被加入人体的饮食结构中。

我们当然可以将这个句子改得棒些：

> 其余8种——叫作必需氨基酸——为饮食结构必备。

所以，我把整段改写了，如下：

> 当我们消化食物的时候，生化酶将蛋白质分解为组成它们的氨基酸。

接下来，血液吸收氨基酸，并将其送至身体各个细胞，氨基酸重组为蛋白质，以此提供身体所需机能。因为我们的身体中的蛋白质，只能存活几小时或几天，因此更新蛋白质是非常重要的环节。

为了合成蛋白质，人类能够合成或制造20种氨基酸中的12种。另外8种氨基酸为必需氨基酸，必须被加入人体的饮食结构中。动物食品，比如肉类、鱼类、禽类、蛋类以及奶制品，能够提供完整的8种必需氨基酸。尽管单一植物类无法提供8种必需氨基酸，但组合食用，例如大米与豆类，这一需求便能得到满足。

改写段最明显的变化，就是我提到了文中所描述动作的媒介。比如，我引入了"生化酶"作为蛋白质分解的媒介，而不是仅仅告知读者蛋白质被分解了。血液应该主动吸收氨基酸。我把"含有"换成了主动态的"提供"。除此之外，我还加入了一个很好查到的数据——蛋白质的生命周期，表明人体非常需要蛋白质不断合成。也就多几个字而已。

约翰·杜威也发现，因为主动态突出了因果关系，若孩童能写出这样的句子，说明他们对写作的文本理解得不错，而且能够全情投入文本之中。他引用了一个学生笔记本里关于地质地理研究的一段话：

> 当地球冷却，钙被包裹在岩石之中。接着二氧化碳和水结合形成溶液，然后，它流呀流呀，把钙冲开，接着将它冲进海里，海里有小动物，它们把钙从溶剂里捡了出来。（1971，58）

杜威是这样评价这个学生的作文的："语言很有诗意，因为这个孩子对此有着清晰的画面，对这个画面他又有着强烈的个人情感。"杜威提到了文章中的主动动词"冲"，提到了文章中一系列的因果关系，这都表明了学生学习的过程，或用杜威的话说，"个人的觉醒"。

第三罪：堆砌。堆砌的问题在于，在阅读的过程中，读者的脑子被无数术语名词灌满，而文章的条理却混乱异常，导致信息不连贯，文章也毫无记忆点可言。考前复习笔记卡的问题就出在这。这样的文章，作者都不太擅长使用动词，这样一来，文章的"律动"和"故事性"就无法很好地传达给读者。

我再从《生物》这本教材里引用几段例子（最后一次，我保证）。下面这个段落是关于控制特定免疫力的免疫系统，这种免疫系统是抵抗"病原体"的第二道防线——第一道防线是我们的皮肤或是体内的黏液，它们是非特定的天然的屏障。第二道防线包括白细胞和炎症，当特定的病原体攻击我们的身体时，它们会迅速防守。好了，我们来看下面这个段落，深呼吸，来吧：

> 淋巴器官：淋巴系统的器官包括淋巴组织、淋巴细胞、其他几种细胞以及连接组织。淋巴细胞是一种在红骨髓中产出的白细胞。淋巴器官包括淋巴结、扁桃体、脾脏、胸腺，以及分布在肠道、呼吸道、泌尿道、生殖道黏膜上的淋巴组织。
>
> 淋巴结可以将外界颗粒物从淋巴中过滤。扁桃体在鼻腔与口腔间形成一道淋巴组织的保护圈。这个保护圈能防卫口鼻中的细菌以及其他有害物质。脾脏存储血液，并能够摧毁受损的红血球细胞。脾脏也含有能够对抗血液中外来物质的淋巴组织。胸腺位于心脏之上，能够激活一种特殊的淋巴细胞——T型细胞。T型细胞产生于骨髓，成熟却是在胸腺里完成。（比格斯等，2007，1086）

读起来累吧？

我觉得这两段之所以读起来没什么连贯性，是因为两段都罗列了太多概念。第一段就有三组概念：淋巴器官的组成、淋巴器官有哪些，以及淋巴器官系统分布在哪里。这些概念的出场顺序也很混乱：读者首先想知道的应该是器官的名称，然后才是这些器官中包含哪些组织。此外，粗体的"淋巴细胞"后面也让人感到莫名其妙，我还以为作者接下来要重点介绍这个概念，结果整段结束都没有再次提到这个概念，一直到第二段这个概念才重新出现。

同样的，第二段罗列的概念也长得吓人，分项列出反而会方便读者理解。我个人的感觉是，应该再向读者强调一下，"保护功能"才是这一段的重点（本段作者忘了介绍T细胞是如何行使保护功能的）。我把这两段改写一下：

> 淋巴系统的器官遍布身体的各个部分。包括：淋巴结（人体大概有600个淋巴结，主要分布在腋窝以及腹股沟）、扁桃体、脾脏、胸腺，以及分布在全身各处黏膜上的淋巴组织。这些器官中含有淋巴组织、淋巴细

胞、其他几种细胞，以及连接组织——它们都能够净化并保护人类身体不受伤害。

这些器官以各种方式守护着我们：

- 淋巴结从淋巴中剔除外界物质（比如，细菌和病毒）。
- 扁桃体在鼻腔与口腔间形成一道淋巴组织的保护圈。这个保护圈能防止细菌以及其他有害物质进入口鼻。
- 脾脏存储血液，并能够摧毁受损的红血球细胞。
- 胸腺位于心脏之上，能够激活一种特殊的淋巴细胞——T型细胞（T是胸腺这个单词的首字母）。T型细胞如同勇猛的战士，负责搜索并摧毁"入侵者"。

正是因为人类有了这些器官，所以才能够分辨特定的病原体或其他威胁，并对它们展开攻击。

我觉得这么写，读者理解概念就容易多了。如果概念里套概念，还用不止一段解释，那读者理解起来就会相当困难。即便是我修改过的版本，也还是有问题的——学生了解淋巴细胞对人类免疫系统的重要性吗？文中可是只提及了名称而已。

## 避免读者的反感

教科书的编写者与出考题的人都面临相似的限制；那就是，双方都需要对有争议的敏感话题做一些调整，不然他们的书可能无法出版，试题不被采用。黛安·拉维奇（Diane Ravitch，2003）的调查显示，二者都面临来自两个政党的审查——又或者，他们需要考虑学生能否接受这样敏感的信息。

但是最近，纽约城市的各所学校将这番"好意"提升到一个新的高度。在新阅读测试的提案中，一系列的话题和字眼都被认为是不恰当的：这些话题及字眼会引起不必要的麻烦，或"影响"学生的考试。比如：恐龙、生日、意大利辣肠、舞蹈（除了芭蕾之外）、外星人、万圣节、离婚、疾病、家用电脑、奴隶制等。五十多个话题和词条都被限制使用。

谁能想到这些城市的学生居然那么脆弱？

第四罪：拒绝惊喜。过度清醒的可能性是存在的。守着你的防线不松口。绝对不在文章里表现你的机智幽默。但是我所知道的纪实文本的作者，他们都会在写作的过程中打开幽默雷达，搜寻那些有些古怪、有趣又让人惊喜的事实信息，让他们的文章更为人性化。我记得在我小的时候，有个系列丛书让我读到废寝忘食，那就是雷普利的《信不信由你博物馆》(*Ripley's Believe It or Not!* )。我被里面的故事迷得神魂颠倒，比如约瑟夫·基辛格的故事。1960年，约瑟夫为了证明一项已经被终止的太空任务的生存可能性，搭乘热气球升至约32千米的高度，背着降落伞跳下热气球，降落的速度达到约每小时988千米（几乎是声速），然后打开降落伞——活了下来。对这样的故事，我简直手不释卷。有一本儿童科学杂志叫作《奇趣大自然》(*Ranger Rick* )，里面包含了大量这样有趣的自然科学事实。比如，在一张关于动物心跳的图表中，你可以了解到动物心跳的两极，老鼠的心跳快至每分钟650次——每秒超过10次，而冬眠的土拨鼠的心跳每分钟仅为3次！

根据詹姆士·肯尼威的说法，"一个陈述中的'信息'包含了一定程度的不可能。'信息'是消息，而消息具有不可预测性，也不一定真实"。（1971，93）如果我告诉你今天早上太阳出来了，这句话其实并没有传递任何消息，除非某个致力研究启示录的宗教团体前一天晚上预言了末日来临。所谓真正的消息，是能够激发我们阅读欲望的——出乎我们意料，让我们身躯一震。

也有一些教科书写得不错。比如在莱维墩家园建设的描述中，惊喜的价值就显而易见。莱维墩是美国在"二战"后首批重建的小镇之一，这篇课文来自教科书《美国》（大卫森，斯托弗，维欧拉）：

> 因为这些房屋是批量修建的，所以要比个性定制的房屋成本低得多。这些房屋的工程期也相对较短。利用之前准备就绪的材料，一队木匠、水管工、电工在16分钟里就能建一间房出来。（2003，845）

最后那个"16分钟"可真是画龙点睛。这一数字直观地让我们感受到了莱维墩的房屋建造的过程是多么简朴，多么整齐划一。我甚至觉得最后这个"16分钟"让这本教科书的作者们"气质"更平易近人——他们对读者的阅读兴趣十分上心；他们了解读者喜欢这些听起来奇怪看上去不可能的小惊喜。

第五罪：没有观点。在《语言警察》（*The Language Police*）一书中，黛安·拉维奇严肃批评了历史课本的写作风格：

> 这些书的语气——好像无所不在、洋洋自得的全知全能者——这些文字好似来自同一部文字处理器，这部机器只会写简短的肯定句，好像每一个历史事件都有确凿定论一般……历史书本应该呈现不同立场的观点，让学生自行判断，也可展开辩论，可是我们的教科书呢？这些书只是言之凿凿告知学生，这些，就是你应该知道的。（2003，149）

拉维奇担心的，是历史呈现的方式；我的担心则是这些课本的可读性。然而这种语调平淡，避免争议的写作方式不但把历史写得一团糟，而且导致了毫无个性的文字，这样的文字毫无亮点也毫无记忆点。唐纳德·格雷夫斯常说，写作最大的问题是"无人在场"。作者不考虑读者的阅读感受，自己也躲在干巴巴的文字之后不露面。不仅如此，他／她还用一种肯定事实的语调，掩盖了自己可能存在的偏见[1]。

所谓"事实"，其实也是人为写出来的，人们总是认为"事实即真理"。"事实"的对立面则是不可信的，充斥着偏见。我见过的所有课程导论都会首先让学生区分什么才是"事实"（甚至在一些文化里，进化被认为"不过只是一种理论"而已）。

然而事实本身是经过挑选的，这一挑选的过程本身就是饱含偏见的。事实是被"利用的"；它们穿插在各种论述场合之中，正因如此，偏见根本不可避免。事实本身含有观点，而这种观点也是片面的，可争论的；根本不存在全知全能的观点，至少人类无法到达这一高度。只有当作者心系读者，把文章观点的本质完整呈现给读者，读者才能参与到"对话和辩论"中来。如果作者刻意隐藏偏见，造成的后果就是阅读成为一种相当被动、缺乏戏剧张力的过程——这样一来，反而加大了阅读的难度。

下面这个段落的写作就属于拉维奇批评的类型。来自麦格劳希尔／格兰克集团编著的教材《人类遗产：世界历史》（*Human Heritage: A World History*）。说实话，这段课文的信息量确实非常大，但并不能为了文字简洁，就以如此被动的方式呈现越战的历史。这段话是这么写的：

---

1 原文bias，此处"偏见"并无贬义，指每一个体因受到文化、教育、媒体等影响，对事物的观点会有差异，不可避免。——译者注

南越和北越爆发了夺取政权的内战。游击队，又称越共，以及苏联都
支持北越。而美国彼时已往南越输送武器装备。1965年，美国开始派遣部
队。共计三百三十万美国士兵参战。最终，五万八千名士兵战死，战争共
消耗两千亿美元。

越战使得美国人民分为两派。一派认为这场战争应该打，美国应该帮
助南越并阻止共产主义的进一步扩大。另一派认为这场战争是越南的内战，
美国不该插手。[格林布拉特（Greenblatt），雷默（Lemmo）2001，628]

很显然，作者忽略了一点，他/他们根本没有提及这场战争带走了多少越南
人民的生命，数倍于战死的美国士兵——保守估计大概有九十万越南人死于
这场战争。这本教科书讲的是世界历史，而这一信息的缺失给读者造成的
印象就是美国才是这场战争最大的受害者。五万八千这个数字当然是"真实
的"，却具有误导性，因为它会把读者的注意力都集中在美国人民身上，而
忘了还有其他国家的人也经历了水深火热的战争。

整篇课文读起来被动不堪，好像这一历史事件根本没有人参与其中：战
争是"爆发"的；"消耗两千亿美元"；连美国缘何派遣部队在文中也是未知
数。事情就这么发生了。唯一关于分歧的暗示，是美国两派人对战争的看
法，而就连这仅有的一点，作者也没花什么笔墨解释就蜻蜓点水般带过了。
我可以确定的是，写这篇文章的人根本就不想提及这一话题。

第六罪：拒绝使用隐喻与类比。几年前，我给三年级的小朋友上课，我们讨
论各自家里的口头禅是什么。我让每个学生采访一名家庭成员，然后总结几
乎变成家族习惯用语、使用频率最高的口头禅。最好玩儿的，往往来自祖父
母那一辈，比如："我看起来像是会从运萝卜的车上掉下来的人吗？"其实就
是说，你真的以为我傻吗？口头禅里往往浓缩着一种抽象、滑稽可笑、容易
让人上当受骗的微型故事。我们眼前的画面，就是一个土得掉渣的乡巴佬，
连马车都坐不稳，这对城里人而言可太好笑了。

隐喻就像是微型故事，它能够把一些新奇又复杂的事情转换成你能
理解的场景。最常见的提示就是"这像什么？"隐喻将新事物引向我们熟
知的事物——我们把DNA隐喻成螺旋梯、密码，或是内含致命基因的定
时炸弹。前文已经引述过描写免疫系统的教科书片段了，这里我想拿杰罗
米·古柏曼写的文章做个对比。古柏曼是一位内科医生，对癌症有所研
究，同时也是《医生的思维》（*How Doctors Think*，2008）以及《生命的

度量》（*The Measure of Our Days*，1997）两本书的作者，这两本书讲述了他与重症病患的故事。在下面这段文字中，古柏曼讲述了白血病细胞的作用：

> 无论在哪儿，白血病细胞都像是一个用心险恶的反社会分子。基因突变以一种极端的方式让原本"彬彬有礼"的白血病细胞性情大变。基因突变后的白细胞，我们称其为"白血病冲击波"，数量日益增多，侵略性也越发强烈。它在骨髓里无限增长，完全无视骨髓中其他血细胞的需求。很快，骨髓就被气焰嚣张的白血病冲击波堵塞。其他正常的血细胞被挤了出去，再也无法生长。
>
> 然而，霸占骨髓空间、挤掉同侪无法满足白血病细胞的胃口。他们就像一群小阿飞，毫无节制寻欢作乐，冲进血管，占据或破坏掉肝脏和大脑。（1997，92）

拿《生物》教科书对癌症的描述做个对比：

> 癌症的特点就是非正常形态的细胞增殖。正常状态下，身体特定的调节分子会控制细胞的生长循环。如果失控，细胞异常生长就会发生，并导致各个形态的肿瘤形成，详见图表37.16.（比格斯等，2007，1093）

二者的区别不言而喻。古柏曼在文中创造了绝妙的隐喻，将变异细胞比作反社会分子，它们是气焰嚣张的小阿飞。不仅如此，文章的用词也动感十足——比如，堵塞、挤掉、冲进、占据、破坏。普通"彬彬有礼"的细胞与"数量庞大侵略性十足"的变异细胞之间实力悬殊。文章既有戏剧冲突，也有故事性——读者通过这种戏剧故事性了解了白血病的致命性。相反的，课本的语言却没有用到隐喻，绵软无力，甚至还用到了委婉的说法（"特点就是""如果失控"）。

可以看出，教科书的编写者极力避免使用隐喻；或许他们觉得若使用隐喻，文章会显得太文学了，太像是"作者编造的"——又或许他们觉得隐喻会让文本显得说服力不够，因为如此一来，许多事实听上去"不对路子"。比如，癌细胞只在某些方面与"反社会分子"或是"小阿飞"相似。癌细胞没有脑子，它们无法在法律上为自己的行为负责，它们可没聚众站在街口对着你虎视眈眈。然而，尽管隐喻本身不完美，它塑造的那种"相似性"却能

2

传递信息
的艺术

63

帮助读者更好地理解癌细胞的毁灭性。

类比是隐喻的近亲，二者的主要功能都是通过一个大众熟知的行为或经验解释一个全新的概念。下面这段文字来自坦普尔·葛兰汀（Temple Grandin），他认为在大脑特定区域"定位"认知功能行为这种想法太过天真：

> 如果病人行为异常，在其脑中也发现了病灶，研究者仍不可妄加揣测该病灶就是异常行为的源头。记得当年我还在念研究生，坐在神经学的课堂里，我产生了一个疑问：将特定的脑部病灶与特定行为之间画等号真的没问题吗？我想象自己打开那种老式电视机的后盖，然后将里面的电线都剪断。如果电视的图像消失了，我是不是就可以下定论说我找到了"管理图像的地方"？不一定。因为电视机后盖里有太多电线缠绕在一起，我也不知道我剪到了哪一根导致了图像的消失……
>
> 电视图像之所以能顺利播放，成因并非单一，而是由各种原因叠加而成，原因之间却又是相互依赖的。而这正是近几年来研究者对大脑作出的结论——大脑的许多功能，并非由一根神经控制，而来自一张巨大的神经网。（古柏曼，2013，41）

真是受教颇多，这段文字取用的经历，大多数读者都能轻易想象出来。但是，我们甚少在教科书里看到这种风格的文字。

**第七罪：忽略阅读的交替性。** 如果文章从头到尾都不懂得转化情绪，不懂得在正式与非正式之间切换，也不懂得控制文章口吻的严肃度，那读者的阅读体验一定相当疲累。"单调乏味"这个词很好地诠释了我们对单一语气的反应。在文章中，严肃久了自然需要加些幽默调剂；逻辑再严谨也需要故事打底；为了不让文章显得死气沉沉，正式中也应该加入些口语化的表达；还有，正如前文所述，抽象的概念需要用隐喻的手法使之具体。我们不能总是置身于一处，我们得动起来。前面我举的那些例子，其实都对这点做了很好的论证。

作为读者，我们易被"此消彼长"的阅读方式取悦，肯·马克洛里（Ken Macrorie，1985）称之为"交替激流"，具体是指文章话语的高低起伏，复杂的语言与街头用语并行，灵与肉的结合（我们在下一章会具体谈到这一点）。我们从H.L.门肯对"清教主义"的著名定义中，可以看到这种交替性：

"他们挥之不去的恐惧就是，可能有人在什么地方幸福着。"[1]这句话带着我们乘风破浪般从高阶用词"挥之不去的恐惧"一路直下到口语化的"幸福"。

彼得·阿尔伯对"口语化写作"的价值颇为推崇，口语化的连词穿梭于这种写作方式中。比如下面这段保罗·克里格曼（Paul Krugman）对科技与气候变化的评述：

> 即便没有诱因，脱碳作用依旧有发生的可能性，但是我们不能也不该指望它一定能发生。而问题的关键，在于目前想要大量降低温室气体的排放其实轻而易举。
>
> 那么，气候问题解决了吗？这么说吧，按理说应该没错。（2014）

文中最为明显插入的口语就是"这么说吧"。克鲁格曼本可以略过这个口语化的词，维持他书面语的风格，但是就那么一个词，让他的文章——以及他本人——显得更为平易近人。

公平地说，有一些教科书也做到了这一点。为了证明这一点，下面我会改写《美国》这本教科书中关于"二战"后郊区化的描述，这本书由培生教育出版社出版。作者大可以用教科书的语言这么写：

65

> 数百万居民涌向郊区，因此城市日渐式微。郊区以及购物中心吸干了城市的业务以及税收。因为大部分搬迁至郊外的都是白人，所以郊区化也加深了种族隔离。

不坏，但是也没什么记忆点。然而，本书的作者们（这本书确实有作者的存在感）是这么写的：

> 数百万居民涌向郊区，因此城市日渐式微。郊区以及购物中心吸干了城市的业务以及税收。因为大部分搬迁至郊外的都是白人，所以有批评家宣称美国变成了一个由"巧克力城市加香草郊区"组成的国家。（大卫森，斯托弗，维欧拉，2003，845）

最后一句的隐喻不仅让人印象深刻，而且出乎意料。

---

1 此句是门肯对清教徒太过严谨的生活方式的讽刺。——译者注

当然也有其他方法能制造出这种交替感：不时插入短句，或是恰到好处地插入一些片段；加个括号附加说明；帮助人理解记忆的奇闻逸事；符合文风的引言；有趣的转折。如果这些手法运用得当，那么阅读分析信息型文本就不再是难事，甚至对读者而言，是享受。相反的，如果文章缺少交替、多样化的阅读感受，我们的身体首先就能感知到"无聊"；虽然无法言明，但是我们能"感知"那折磨人的"单调乏味"。总而言之，人类天生喜欢活力动感。

或许会有人跳出来反对，认为我只是单纯想要将教科书变成有创意性的纪实文本，然而娱乐性根本不是教科书的主要目的。教科书的主要目的就是简明扼要地传递信息。这一点，我不否认，或者说我接受教科书的这一意图。我只是觉得，这些创意的写作手法可以让信息在我们脑子里留久一些。这些手法满足了人类对因果的探求，并能够将信息完美融入一种模式、系列、叙述之中；以这样的手法写出来的文章，呈现给读者的是一个动感的世界，有行为有结果——而不是毫无联系的"事实"。不仅如此，这些技巧还拨开了作者的神秘面纱；将讲述者推至台前，我们能够感知到作者在阅读过程中与我们一路同行。因此，这些可不是什么时髦的小把戏，而是帮助我们将信息写进记忆的好帮手。

# 第五章
# 所有的写作，都是叙事

> 大多数书中，"我"，或是第一人称，都是隐去的；而在本书中，则得以保留；本书更为"自我"，大概是与其他书不同之处。人们常忘记一个事实：无论何种形式的写作，作者才是叙述者。
>
> ——亨利·大卫·梭罗《瓦尔登湖》

> 能真正让我神魂颠倒的书，是那种读完最后一个字，你希望作者就是你的密友，可以随时拿起电话与其神聊一番的书。而这样的书，可遇不可求。
>
> ——J.D.塞林格《麦田里的守望者》

我们总觉得"叙述者"这个词应该出现在小说里。该叙述者或可信，或不可信——也可能介于二者之间。他也许全知全能，又或许故事中的某些信息即便是叙述者自己也摸不着头脑。但无论如何，有一点我们无法否认——我们是通过叙述者的视角来阅读小说的。

然而所有的写作都是这么回事。无论现实究竟是怎样的面貌，它也不可能赤身裸体不经加工出现在读者面前。无论何种形式的信息，总归经人之口说出，经由一番导引传达，若成文，则能窥见作者影子。即便是刚刚接触写作的幼儿也懂得这番道理，他们变身向导，带领我们在他们的文字中穿行："你好。我叫艾米莉，接下来我将向你介绍不同种类的猫咪。"人类之所以能够持续阅读，其中一条原因就是作为读者的我们愿意在阅读的过程中与叙述者相伴，甚至乐在其中。

教课其实也差不多。几年前，在讨论课程结构的时候，我的同事布洛克·迪西尔提出过一个相当有分量的观点。他认为课程至为关键之处，在于授课教师的风格与性情。他的幽默感、声音、提问的方式——行为与性格的一致性——想要保持教学的连贯性，以上这些与结构精良的教学计划同等重要。这就是为什么即便逐词逐句照着任课老师的教学笔记上课，代课老师总让人觉得突兀的原因。

作者创造出的"我"并不是他真实完整的自我（无论读起来感觉多像作

者本人）。与教课一样，那个"我"是一种表演性质的角色代入，里面加入了我们自己的个性与性情——我们坦露一部分自我，藏起另一部分。"文章中的我"是"升级版的我"，是我刻意呈现给读者的：更为自信、博学、关切、胸有成竹、乐观向上，甚至也比生活中的我幽默。每次当有人让我谈谈我刚写的书，我内心潜台词都是："不要啊，你们听书中的我说话就够了。他可是我的升级版。"

在本章中，我会尝试分析一些纪实文本作家深受读者欢迎的"气质"以及"性格"。读者喜欢他们，首先当然与他们写的主题有关——要是写怀特山的登山路径，或是米西·富兰克林是如何征服泳道的，我光是看题目就已经有兴趣了。但即便是这种能引起我强烈兴趣的主题，要让我做到手不释卷，作者恐怕也得下一番苦功。我需要感到作者有足够的信心吸引我，他的文字里有一股劲儿，一种能量、吸引力以及个性。肯尼斯·伯克（1968）认为，文学能让人拥有"一颗好胃口的心"——在这里我想说，其实好的纪实文本也能做到这一点。

所以窍门在哪儿？该怎么做呢？

这个话题太过巨大，三言两语怕是说不尽道不完。能让读者全身心投入，让读者从文中窥到作者身影，本身就需要了不起的写作技巧。我只能谈点皮毛。即便如此，我也要谈一谈。本章中，我会重点谈谈作者是如何让自己保持"在场"的——之后，我会着眼文中的"情节"，讨论作者如何通过塑造情节调动读者阅读积极性。但在我一头扎入这个话题前，请允许我离个题就"注意力"谈两句。

如果阅读纪实文本的目的是记住文本——这个假设听上去十分有理——那么注意力当然是关键，毕竟如果你注意力不集中，大概什么也记不住。这是简单的常识。事实上，大部分我们做过的、看过的、读过的东西都会被遗忘，而这种遗忘并没有坏处。若事无巨细都记得一清二楚，我们大脑的回路估计会严重超载。身为读者，我们要做的就是有技巧地记忆，有技巧地遗忘；而身为作者，我们需要做的则是唤起读者注意，一是让他们一路相随，二是让读者对文中重点加以记忆（虽然最打动读者的部分可能并不是我们觉得最重要的点）。没有注意力，也就不会有理解力。"大脑对某种刺激越关注，那部分信息的解码就越详尽，信息保留时间也越长"。[玛蒂娜（Medina），2008，125]

教科书的编写者肯定深谙此道，所以将我们的注意力引向粗体术语（背后的意思就是，这些要考哦）。然而百来个术语都被加粗了，剩下的也就只有枯燥了。我们动用意志，强迫自己集中注意，功效毕竟有限。如果作者不对我们伸出援手，我们很快便会精疲力竭，开始跳读。威廉姆·詹姆斯在《与教师谈谈心理学》（*Talks to Teachers Psychology*，1958）一书中认为，教学不应该太过依赖"主动注意力"，即有意识努力集中注意力。因为这种"努力"靠的是爆发力，持续时间很短；这种"努力"需要我们对难以集中注意力的地方集中注意力（"天啊，我注意力不集中了"）。

威廉姆认为，想要高效，注意力应该集中在主题，而并非注意力本身（他称之为自发性或"被动"注意力）。就如何激发这种被动注意力，他给了老师们几条建议："解决问题的关键在于话题要讲出新意；提出新问题；总而言之，就是要改变。"（79）他也针对如何保持学生注意力给老师们（我觉得对写作的人来说也适用）提出了建议：

> 如果话题太过抽象，你可以通过举实例揭示其本质。如果话题较为生僻，就用类比的方式让学生联想到熟悉的话题。如果话题只是冰冷事实，尝试在故事中塑造一个人物。如果话题难度太大，要给学生信心让他们觉得一定会有所收获。最关键的一点就是，千万不要一成不变，因为这很难记忆。（84）

换言之，无论呈现何种形式的材料，都需要"编织情节"，需要有一种变化的模式。我的一位同事，是一位物理老师，他说在他课上要想学生保持注意力，"叙述弧"的存在是很有必要的。没有变化、没有律动、没有注意力，自然理解力也会缺失。

在本章中，我还将另外探讨以下能让我们注意力集中的原则：

> 我们会注意那些让我们感到吃惊的事件、事实、语言、陈述，因为不合我们的预期，所以格外引人注目。
>
> 我们会对涉及自身情感与利益价值的情境格外关注。比如，我们想要了解科学发展能给人类带来怎样的价值。
>
> 变化吸人眼球。无论我们身处怎样的情境中，我们都希望有另一种选择。坐着会渴望能够站立；严肃久了也希望能欢笑一番；听多了概括性的语言，总希望能听到具体的论调等。

以上这些都是人之常情。我们旅行、休假，以此打破日常作息规律，因为旅途为我们制造记忆，所以通常当我们回忆起这些旅行时，甚至能说出每天我们都干了些什么。新的体验，即便是没那么愉悦的（有些时候甚至是不愉快的体验），也能给我们留下深刻的记忆，让我们对生活感到心满意足。正因如此，我们能随时回忆起这些体验。阅读和写作也是一种旅行的形式，我们在时间中穿梭，而作者需要制造吸引读者注意力的点。在这，我得重申一下这本书的一个主题，文学作品中的工具及技巧都是保持读者注意力的必备要素，不仅如此，这些工具、技巧也加深了读者的理解力以及思辨力。

## "与我同行"的理由

幽默感。这倒不是说作家都得成为幽默大师，然而无论话题如何，若作者能在其中注入一丝幽默，也不是一件坏事。若能对过分严肃的场合、过分"至死不渝"的立场嗤之一笑，这人并不是疯了，这一笑恰恰是他心理健康的表现——相反，如果一个人太过投入自己的"角色"，天天扑克脸毫无幽默感，那他身边的人估计每天神经都快绷断了。"个人性情"[1]一词为社会学家欧文·戈夫曼（Erving Goffman）所创，这个词指我们会下意识地从严肃的社会角色中抽离——随时随地。他描述了圣·伊丽莎白精神病院的医生和病人是如何自嘲的；比如，病人会自己设计一整套仪式感十足的动作，假装他们服了药物，医生偶尔会假装自己是病人。从这个例子里，我们能感觉到无论是医生还是病人，他们的个人性情都是"热气腾腾"的，而传统意义上的病患关系却不复存在。戈夫曼认为，这种抽离社会角色的幽默感是维持人类社会结构正常运行的必要因素。

我们先来谈谈漫画的旁白吧，旁白总被插在括号里。当然啦，最擅长用括号解释的当属《洛丽塔》中的亨伯特·亨伯特啦，比如下面这段，他是这样描述母亲去世的：

> 我那无比上相的母亲死于一场意外（野餐，闪电），当时我才三岁，黑暗的过去唯一一掬温暖，我对她的记忆仅限于此。（纳博科夫，1955，12）

他讲述母亲去世的经过，甚至都没用一个完整的句子。

你可能已经注意到了，我特别喜欢在句子中插入旁白，因为我觉得这样一来你或许会得到些新的或意料之外的信息。比如下面这句我对五段式写作

---

1 原文为underlife，指一个人跳脱特定场合的角色，表现出自己的个性特征。——译者注

的评论，我想你已经读到过一次了：

> 我后来听到有人将这种写作模板称为"汉堡"，开头段和结尾段分别是两片面包，中间段则是夹在其中的肉饼。这个比喻让我觉得这么教写作是"虐待"学生，"虐待"纪实文体，不仅如此，也侮辱了汉堡——你想啊，汉堡还有各种各样的呢（有双层芝士、培根、脆饼干汉堡，甚至面包里还能夹薯条呢）。

我之所以在这里加入括号里的内容，是因为我想把这一话题推向荒谬，好像我在为汉堡辩护一般。

麦克·波兰可是一位"括号大师"。在他的书《为食物辩护》（*In Defense of Food*）中，麦克描述了食物是如何在运输过程中流失营养，却依旧保存热量的：

> 总体而言，热量更容易运输——因为热量通常存储在精面与糖之中——这要比运输营养简单得多，营养会吸引细菌、昆虫以及鼠类的注意，它们可都对营养虎视眈眈（很明显，它们比人类更关注食物的营养）。（2008, 97）

最后一句讽刺得十分精妙，好像在说连细菌都比人类懂得什么才是有质量的饮食。

括号还可以在作者自嘲的时候，助他们一臂之力。自嘲本身就是"个人性情"的表现，表明作者没太拿自己当回事。在《知更鸟都懂些什么》（*What the Robin Knows*）一书中，乔恩·杨描述了黄莺是如何利用铁丝网保护自己的：

> 当觅食或嬉戏的时候，黄莺们一会儿停在栅栏外侧，一会儿停在内侧，它们信心十足，若受到攻击，它们能够立刻选择栅栏安全的一侧。如果攻击者没料到这一招，一头撞上栅栏估计痛得够呛。甩甩脑袋，自己理理顺乱七八糟的羽毛，库伯鹰[1]或许会自言自语"没人看到我这副窘样对吧?"（好吧，万恶的神人同形，我承认）（2012, 151-152）

---

1　又名鸡鹰，一种雄性苍鹰。——译者注

杨此处的旁白好像在对观众说："哎呀，只是给你们乐一乐嘛。我想象力刹不住了嘛。希望大家理解一下。"

当然，括号只是写作工具的一种。或许我想要表达的，是看似荒谬矛盾中的愉悦感、讽刺性，人们常说这叫作"诙谐"，这种小幽默能点亮整个话题。我得控制自己别再引用波兰的书啦（当然，与版权限制也有关系），所以我们还是回头找梭罗吧，他在《瓦尔登湖》中写素食主义时巧妙地让文字都粘上了讽刺意味：

> 一个农夫对我说，"你光吃蔬菜可怎么活命哟，蔬菜里可没啥营养，你的骨头怎么生长呢"；所以呢，这位农夫每天虔诚地精心伺候他的骨骼，吃那些能让骨骼强壮的食物；他对我说这番话时，跟在他天天吃草的耕牛身后，我猜他的牛的骨头可能是草做的，但是无论如何，那头牛拉着他呢，尽管犁子千斤重，它可只管埋头干活。（2000，43-44）

路易斯·托马斯（Lewis Thomas）是当今最伟大的科学文本作家之一，他也擅长运用这种出乎意料讽刺的逆转。下面这段文字中，他描述了致病微生物菌的窘境：

> 对于大多数微生物菌而言，病原体绝对令其闻风丧胆，微生物菌甚至比人类更怕感染上这些病原体。如果人类与脑膜炎球菌相遇了，即使不用化学疗法，人类也不至于有什么生命危险，但是脑膜炎球菌可就惨了，这个倒霉鬼可是在劫难逃了。（1974，90）

可怜脆弱的微生物菌！

讽刺的魅力也能使学生的文章更为生动，比如下面这段出自我的大学一年级本科生之手，他在文章里讨论了当代儿童注意力涣散的问题，这些孩子是在新媒体环境下成长的一代：

> 我深信，现在的孩子在室内盯着各种屏幕的时间太长了，所以我决定带他们出去玩会儿。我们先打了五分钟的棒球，然后丢下拍子、手套转而奔向车道玩曲棍球。曲棍球只持续了一小会儿，短到只够我们给布兰登穿上守门员的衣服，然后大伙儿又用了一个"穿衣时间"射门，然后就这样，孩子们丢下装备，转而投向下一个游戏。现在孩子们注意力集中的时间短

到让人震惊。只要这个游戏需要两分钟以上的准备时间，或是五分钟之内没让他们及时获得成就感，他们就觉得在浪费时间。甚至，连最基本的进食都能让他们觉得厌烦。请问哪个时代的小孩会觉得吃东西是一种无聊的行为啊？（格里格·马格尼）

我觉得最后一句，即使吃东西也会让这些孩子感到厌烦，有一种滑稽的荒谬感，也表明了这些孩子需要不断的娱乐刺激他们的感官。

作者在文中使用诙谐幽默有何好处呢？这么说有些矛盾，但是这种诙谐幽默反而能塑造作者的"气质"以及可信度。诙谐幽默，哪怕只是令人莞尔一笑，都是作者自信的写照——这就是为什么写作新手很难写出幽默感。文章写得诙谐幽默，是因为作者敏感地了解到读者会被文中冰冷的严肃感压垮；那种小幽默给了读者喘口气的机会，传统点儿说就是给读者一种暂时的"解脱"感。我们可以歇一歇，我们被照料得挺好。这些让人捧腹的时刻，这些具有讽刺性的冷眼旁观与旁白，同样让读者确信，即便作家对人类自以为是的重要性以及自信过头的行为冷嘲热讽，他们的作品也是认真投入心血的。因为，认真并不代表我们得一直板着脸。

惊喜的价值。幽默的近亲是惊喜——事实上，幽默本身就是一种惊喜。我们在前几章已经提到，"惊喜"是信息的一种必备特点。作者可以通过精心选取而又出乎意料的事实，让读者惊喜连连。比如，埃文·奥斯诺斯对中国高铁女乘务员的描写：

> 乘客们被女乘务员领进列车。她们头戴泛美航空式的礼帽，身穿铅笔裙。根据规定，每位女乘务员必须至少165厘米，而且经过严格训练，微笑的时候，要露出8颗牙齿。（44）

最后一点，至少对我而言，完全没想到啊（我是说，难道真的有人数过不成？）这是作者故意设的局。我们意料之中会有身高条件，接下来应该是类似的条件——谁知道是露出8颗牙啊？就这么一个小细节，却给文章增彩不少；就像有幽默感一样，这一点也提升了读者对作者的信任，你看他都能对这么奇怪的小细节观察入微，用来支撑自己的观点，当然能讲得头头是道。

受欢迎的科学文本的作者通常都对活力十足的事实、数据非常敏感。下面的两个例子来自2011年的《美国最佳科学自然文集》，第一篇的作者是史蒂芬·霍金以及莱昂纳德·姆奥迪瑙，文章的题目是《（难以捉摸的）万物理论》[ *The (Elusive) Theory of Everything* ]：

> 几年前，意大利蒙扎城市委员会曾禁止人们把宠物金鱼放在圆形鱼缸中饲养。这一要求的提出者解释说，把鱼放在这种圆形鱼缸中是件残忍的事情，因为这种圆形的鱼缸会扭曲鱼看世界的视角。这条建议除了对可怜的鱼而言裨益颇多之外，也提出了一个有趣的哲学问题：人类如何能断言，我们看到的就是真实世界本来的面貌呢？（2011，186）

这一问题提得真妙，因为它通过一个复杂的理论问题，恰到好处地指出了蒙扎城市委员会决议的荒谬性。通过这一句，读者了解到作者对细节的讽刺——同时读者也吃了定心丸，即便后面作者开始论述理论，我们也会饶有兴致地阅读下去。

令人吃惊的数据有时候也起到同样的效果，比如下面吉尔·西斯·奎恩的文章《如果你活着，请在这签名》（ *Sign Here If You Exist* ），在这篇文章里，她并不认为人类在生理构造方面只有"自己"，别无他物：

> 大多数寄生虫并不会杀死它们的宿主。你——你活着，还在呼吸——这就是最好的证据，因为你身上可是有着大量的寄生微生物菌。……这些微生物大多是与你共生的，也就是说你俩属于互惠互利的关系。比如，你的肠道里有五百多种，加起来老重，差不多1.5千克的细菌。你为这些细菌提供良好的生存环境——适宜的湿度、温度以及PH值——用吃下去的碳水化合物喂养这些细菌。它们则为你的身体提供维生素K以及B12，也提供其他营养物质。（2012，275-276）

这个数字太让人吃惊了——1.5千克的细菌啊，相当于一小锅烤肉啊——在我们的肠道中，与我们共生共存。读者大吃一惊的同时，也被文字吸引了。

灵活运用口语。有一种方法能够让读者感到作者亲临文中，那就是懂得什么时候从正式的书面语转向轻松随意的口语风格——比如奎恩在文中用到的形容词"老重"。这种转换给人一种舒服的感觉，并让人感到与文本之间的关系更为亲密、松弛——就好像作者在对你说，"我知道这是科学啊，但它其实真的没那么复杂。你看吧，我都能用日常语言谈论科学"。如此一来，读者信心自然加分。语言的转换同样能给读者巨大的惊喜——就像我之前提到的，语言的转换，也就是说，从相对正式的语言风格转向更为口语化的风格，是保持读者注意力的关键。

本书前几章中，我曾经做过将口语插入写作文本的尝试。我对信息型文本写作所谓确凿的言论做出了如下评价：

> 众所周知，阅读信息型文本的目的在于，好吧，我承认，获取信息。

在这儿，我故意制造了一个令人困惑的停顿，好像什么人努力想给信息型文本的阅读下一个定义，却失败了。

《共同核心州立标准》官网上，有一篇10年级作文的范例，这篇文章中也能看到类似的从高到低的语域转换。这篇文章是《动物农场》中拿破仑的角色性格分析，规定在一定时间内完成，官网鉴定这是一篇佳作。评分标准中有一条评价，"文章语言风格正式、客观"。在我看来，这条评价并不明智，过于正式的语言风格会导致文章读起来枯燥乏味、千篇一律。然而，评分者对作者能够保持这种正式语言风格赞赏有加，但他也指出了作者唯一的"失误"：

> 过分追求权力会导致麻烦接踵而至，老天爷哎，拿破仑就是个例子。动物们只有那么一点儿可怜的吃食，许多动物忍饥挨饿；你都能看见它们饿到皮包骨头，甚至有的饥饿至死。（2010b，68）

评分者所谓的"失误"，指的肯定是那句"老天爷哎，拿破仑就是个例子"。他认为文中不应该出现"老天爷"这样口语化的词。

但是，这真的是一个失误吗？或者我们换个角度，作者跟随自己写作直觉有错吗？这一口语化的转换，读者读来不觉得是一针强心剂吗？这难道不正反映了作者写这个话题相当投入吗？难道非得写成"很显然，拿破仑就是如此"？这样的表述就更好吗？我并不这么认为。我更喜欢作者的表达方式。在佳作中，这样的语言风格转换比比皆是，这种风格的转换使得文章增添了一种神秘的风采，我们称之为"文风"。

我都不需要再找其他著名专栏作家的例子，来解释这种所谓的"失误"实为妙笔，既然之前已经拿保罗·克鲁格曼（Paul Krugman）评论美国大选前形势的专栏文章举过例子，我们就再对他引述一番：

> 然而，最近我发现越来越多罗姆尼的支持者发表了不同的言论。为罗姆尼先生投票吧，他们说，因为如果他失败了，共和党会毁了美国的经济。
>
> 好吧好吧，他们原话并不是这么说来着。这些支持者的原话围绕着所谓的"党派僵局"争论不休，听起来似乎两党都走了极端路线。然而，事实并非如此。（2012）

这和那篇10年级的文章有异曲同工之妙；克鲁格也用了"好吧好吧"这一口语化的表述，完成了语言风格的转换，那凭什么10年级的学生就得规规矩矩分毫不差地使用正式语言风格呢？

克里斯特尔·高斯奈儿是我的一位学生，她在一篇文章中谈了对自己相貌的遗憾，因为她的鼻子长得像父亲，而不像母亲。这篇文章中，克里斯特尔成功地从"写作"语言转向更为轻松随意的口语风格：

> 我母亲的鼻子从额头垂直而下，鼻翼两端形成完美的弧线；不可思议的对称，鼻梁细而挺拔，在鼻尖软骨处戛然而止达到完美形态。她的鼻子不是圆宽的，而是呈现柔软优雅之感。与她的脸型配合得天衣无缝，还起到画龙点睛的作用——总之，她的鼻子并不会抢掉整张面孔的风头，也并不突兀。她的鼻子不是高斯奈儿家族的鼻子。
>
> 人们每次同时见到我父母和我时，都会问我——你到底是谁生的啊？次数太多，我已麻木。他们会说，嗯，你长得有点儿像你妈，但是又不太像。呃，你长得也有点儿像你爸，但是好像也不太像。哦，除了鼻子，真的像你爸。每！一！次！我知道了好吧，谢谢大家。

第二段的语言风格明显变了，以"到底"这个词为转变的信号。在第一段精心描述了母亲的鼻子之后，读者突然被扔进口语化的世界中（"有点儿""呃""每！一！次！"），结尾处读者明显能感到作者对于那些对她鼻子指手画脚的人不加掩饰的怨气。

另一种语言转换的方式，是引述，科学文本的作者会利用专家的观点来解释他们的立场。如果引言选得好，会给文章注入一股清新活力，是对文章的一种提炼和升华。比如下面约翰·迈克菲的文章《控制自然》（*The Control of Nature*），在文章中他解释了人们是如何控制密西西比河的流向的：

如果人们想要在自然堤坝的沃土上——或是堤坝附近——农耕，他们就不能任由密西西比河随波逐流。公共关系部主任赫伯特·卡西娜曾告诉我，"这条河之前在平原上泛滥成灾。人们没办法，只好不停挪动他们的帐篷，就只能这样哎。你总不能把整个维克斯堡都搬走"。（1989，32）

因为引述选得好，所以文章里的语感变了，从迈克菲更为正式（书面）的语言（"随波逐流"）转换成引述的口语（"就只能这样哎"）。

热爱写作素材。我之前提到，我的父亲是个生物学家。"二战"时，他驻守在菲律宾和新几内亚，在那儿他对叮咬人类的蚊子产生了研究兴趣。战后，他在亚什兰大学谋了一份教职，教授生物学。

当我开始读父亲喜欢的那些文本时，我发现那些文本的作者都毫不掩饰自己对研究课题的喜爱之情。其中一个作者就是卡尔·冯·弗里施，他在书中描述了蜜蜂是如何通过舞蹈与同伴交流食物地点的，"圆圈舞"表示花丛就在附近，"摇摆舞"表示花丛的距离稍远。下文是他对"圆圈舞"的描述：

> 觅食的蜜蜂们……开始跳"圆圈舞"。在她居住的蜂巢边，她开始旋转着画窄圈，不停地改变飞舞的方向，向右转，又向左转，顺时针舞蹈，又逆时针舞蹈，动作连贯不停歇，每一个方向画一两个圈。这样的舞蹈，总是发生在蜂窝最为忙碌的时刻。这支舞之所以会变得格外吸引人，是因为舞者的舞蹈会感染其他蜜蜂；不多会儿，那只翩翩起舞的蜜蜂身边的蜜蜂们，也开始跟着她起舞，并努力伸出触角通过感知她的腹部，确定她的位置……她每一次的舞蹈，身边的蜜蜂都参与其中，因此，无论这只蜜蜂舞得多么狂野，她身边的蜂总是如同彗星尾巴般紧紧跟随。（1966，102）

我特别喜欢这段描述中用到的动词——舞者"感染"其他蜜蜂，它们"跟着她起舞"。冯·弗里施对蜜蜂的喜爱之情真是溢于言表。

对描写大自然的作者而言，热爱两个字是他们的信条，他们会对研究的课题充满热情、敬畏与尊重。对他们来说，写作并不仅仅为了传递"信息"：写作是一种态度，一种观点，是作者本人与自然生命、过程、用以阐述的材料之间的紧密联系。下面我再次以乔恩·杨的文章举例，他描述了如何选择"蹲点"的地点：

事实上，理清头脑的最佳时机，是在你选择蹲点的地点之前。猫头鹰才不会随便离开栖木，一头撞进树丛中，小猫也不会为了进入灌木丛中玩耍，就急匆匆从门廊起身。安静蛰居在隐藏至深的栖木上，猫头鹰以超群的视力先扫视周遭地形，再以如同鹿一般灵敏的耳朵打探环境。它眼观六路耳听八方，松鼠跳跃、老鼠奔跑、鹿嚼着落下来的树叶，麝鼠挖地进食，风掠过莎草香蒲的声音。说真的，在蹲点这件事上，你还真不如学一学猫头鹰呢。（2012，61）

我们当然可以讲清楚为什么这段文字让猫头鹰警惕的形象栩栩如生，比如作者的用词，特别是动词的使用——正因如此，作者以及他的文风呼之欲出。但光是这一点还不够——文章传递了一种价值观，生命形式的相互性，以及人类之外的世界让人炫目的生存技能。猫头鹰，甚至是我们熟悉的知更鸟，都能够成为我们的导师。

**以熟悉化解复杂。** 转换的另一种形式，是我们在解释抽象概念时，以熟悉的事物辅助理解——就像冯·弗里施在描述蜜蜂舞蹈时，用了"彗星尾巴"这一意象。我觉得这是至关重要的写作技巧。

作家在写作时，会不断地自我提问，促使自己不断沉淀写作素材——作家给自己提出的核心问题是"这个（想法、情境、感觉、过程）怎么样？"我可以用什么大众熟知的意象或是故事来辅助这个概念的理解；我怎么把这个新的概念与读者已知的概念联系在一起呢？

这种作者在文中使用合理的类比、隐喻的本能，能帮助读者在阅读过程中更自信——科学文本更是如此。读者在阅读科学文本时，总会有些焦虑，他们会想起大学中那些听不懂的课程，以及各种复杂的句式与术语。比如，我们举个马尔科姆·格莱德韦尔（Malcolm Gladwell）（这肯定是当今最畅销的纪实文本作家）的例子，他就20世纪50年代白血病治疗的演变写了文章，在文中他提到彼时的癌症研究专家埃米尔·弗里德里希，当时已经开始设计综合用药的治疗方案，之前这一方法在治疗肺炎时疗效显著：

他们想到的办法，是同时使用多种药物，每种药物各自发挥功效。弗里德里希想知道能否将这一模式用于白血病的治疗上。氨甲蝶呤能够阻止叶酸的摄取，这对于细胞分离至关重要；6-MP能够阻止嘌呤合成，同样是细胞分裂的重要因素。（2011，161）

我猜写到这儿，格莱德韦尔也意识到他在不断挑战读者的阅读极限，毕竟读的是技术性的信息。所以，他明智地选择了暂停给读者灌术语，而是用了一个类比：

> 将两种药物结合在一块儿使用就好像对着癌细胞一记左勾拳，再一记右勾拳。（161）

作为读者，我们笃定我们理解了——也笃定格莱德韦尔绝对是一个好老师，在阅读这本书的过程中，他会与我们一路相随。

我个人最中意的例子，是乔治·奥威尔的经典文章《政治与英语语言》（*Politics and the English Language*）。在文章中，他描述了一种螺旋下降模式，在这种模式中，混乱的语言导致思路混沌，而思路混沌再次导致语言更为混乱：

> 果可转化成因，因强化初因，又生成果，如此循环不止。（2002，954）

如果奥威尔继续以这种抽象概括的口吻行文，我们绝对第一页就读不下去了。但是，他随后就用一个类比把握住了要点：

> 一个人酗酒，是因为他觉得自己人生失败，然后因为他酗酒，他继续事事失败。英语语言也是同样的道理。（954）

读到这儿，我们松一口气，"好吧，我懂他指的循环是什么了"。奥威尔明白要想让读者理解他，就需要给他们一个实例。

童书的科学文本也是如此。比如《面朝风》（*I Face the Wind*），作者薇琪·考博（Vicki Cobb，2003）向读者解释了为什么风无形却能量满满。即使对成人而言，这也不是一个简单的概念——树因为无形的力量折弯了腰。考博在书中描绘了一个小女孩，在腿上滚球，第一次滚得很慢，第二次加快了速度。"哪一次撞击的力量更大呢？"考博在文本中问道。空气分子就像是一个小球，它依靠速率释放出同样的能量。看不见的风就是如此——各种各样的小球以不同的速度撞向我们。挺有道理的。

有策略的自我剖析。在本章中我已经尝试列举了几种作者创造"在场"

的方式，这种在场是一种可靠投入的存在感——作为读者，我们愿意在阅读过程中与作者一路相伴。并非每一条策略都涉及第一人称，但是若是"个人陈述"等类的文本则需要运用第一人称。文本中包含个人陈述往往会适得其反，因为读起来会觉得作者太过以自我为中心，又有离题的风险。但是如果这样的自我剖析与话题相关（当然也得写得不错），读者通常还是喜欢这种方式的；个人陈述能够加强作者的可信度与权威性。我在上一本书的开篇就尝试了这种方式，在《慢读的艺术》（*The Art of Slow Reading*）中，我是这样开篇的：

> 我读书读得很慢。现在，这种方式被时代淘汰了。
>
> 我知道没几个读者，哪怕是我至亲的家人，愿意花一整本书的时间来研究我的阅读过程。我向你保证，这本书不是那么回事儿。但是我自己读得慢，却是我写作的动因之一。我同事向我保证"这本书你一晚上就读完了"，可是我得花上一周时间才能读完。我连漫画书都不能一次读完，读漫画书我都要随手插个书签。（3）

我想要"彰显"自己是一个读得很慢的人，以我自己做例子，然后开始论证这个长期被看成缺陷的阅读特点其实是一个长处，希望其他读得很慢的人能够随着我的论证逐渐认同自我。在《瓦尔登湖》的开篇，梭罗向我们展示了个人陈述的力量：

> 我在此请求各位作者，请简单真诚地交代一下你的人生，别和我说那些听来的别人的人生；你笔下对自己人生的描绘，读起来像是寄给远方亲人的信一般；如果你活得够真诚，那么我作为读者，理应读到那种好似自远方寄来的信。（2000，39）

把个人陈述说成"逸事"可是学术界惯用的手法，尽管听上去有些蠢又有些感情用事，但是到底是讨好了读者。如果人类生来严肃，更为理性，那么我们就能更为客观地做决定、接收信息。但是我们并不是用这种方式接收信息的。

　　我把这样的转化称为一种"动态"。我认为，好的纪实性文本中充满了这样的动态，在时间的长河里游走。纪实性文本并非静态的结构。有经验的作者懂得策略性地运用这种动态，邀请读者在阅读过程中一路同行。我清楚地记得，我曾与伟大的纪实作家约翰·迈克菲有过一次短暂的对谈，这个作家我在前文也已引述过了。迈克菲刚刚出版了一本关于阿拉斯加的书，是深受读者好评的书，叫作《成为国家的一员》(*Coming into the Country*)，在试读会之后，他在一位老师家里办了一个招待会，我也去了。轮到我提问时，我询问了他关于文章段落长度的问题。是否有编辑曾请他把长段落分成几个短段落？（"有啊，"他说，"就像打碎膝盖一样。"）但是接着他又说，"但在某些文章中，你就是需要一个长段落说明观点，比如我那本《财产满屋》(*A Roomful of Hovings*，1968)。我来和你细说一下。"

他找了找文章，接着注意到房间的窗户。彼时是严冬，窗户上结满了冰花。迈克菲走到窗户前，拿窗户玻璃当作黑板，给我解释他那本书的结构。"你看，这本书里有两条叙述的支线，在这个点汇合。就在这个地方，我想要一个长段落把两条支线并在一起。"他在交汇点处画了一个大大的×。我即刻明白，在他的理解中，结构是动态的，具有些许实验性，他也懂得如何引导读者前往那个关键段落。

如果作者写得得当，读者在阅读过程中就会跟着作者思路，不间断地走下去。因为作者本人在写作的过程中，也深刻感受到这股引人前行的力量——就好像话题会自行打开，而作者只需"倾听文本"，接着文章便有了生命活力一般。当然，我们得提前制定写作计划，但是如果我们对正在写的文字实时感知，如果我们真的懂得倾听，新的思路便会自行显现。我们并非被动照着写作计划按部就班；我们跟随行文节律，不断提出新的问题，打开新的思路。

作家懂得内化一系列"自我提问"，如此一来，写作才能得以继续。写作初始阶段或许根本没料到会有这些写作的可能性——行文能否流畅，靠的就是作者如何安排这些新的写作方向与可能。以下，我列举一些我认为相当重要的"自我提问"（至少对我而言很重要）：

1. 下面会发生什么？
2. 它看上去如何，摸上去如何，嗅上去如何？
3. 我该如何重述呢？
4. 我对这件事的反应是怎样的？
5. 我能想到什么例子或者经历来解释我的观点？
6. 我有什么论据？
7. 我之前阅读的文本里可有帮助我理解的部分？

8. 通过怎样的比较我才能把道理说得更明白？

9. 为什么这一点重要呢？

10. 我这么写想表达的意思是什么？

11. 还有谁会赞同这个观点呢？又或者会反对这个观点？他们对此意见如何？

12. 我要如何证明我的观点呢？有例外吗？

13. 这个观点如何融入更为广泛的辩题或争议之中呢？

提出一系列这样的问题能帮助作者行文动感、连贯、富有变化。我们给学生面批作文时，需要给他们演示如何提出这些问题——如此一来，学生便能做到"心中有数"，这一系列的问题就变成他们写作时潜意识的一部分，建构主义的"支架式理论"就是这么回事。

故事的讲述者、文本中的叙述者，以及作家领着读者开启认知的旅程，这一旅程是启示，也是征途。若作家写得漂亮，那么我们便能感受到行文处善意的转折，有了转折，我们便不会在一个地方滞留太久：幽默消解掉过分严肃，论断之后自有例子相伴，俏皮口语与书面语交替出现。不仅如此，前文说到的"自我提问"是可以反复利用的，写作大纲是一次性的，用完就没了，这些问题可是再生资源。正因如此，懂得自我提问的作者，总能感到他们所写话题时刻饱满——用蒙田的话来说就是，"只要这个世界上还有墨水和纸，我就要写下去"。（1987，1070）

## 我来评一评

在本章中，我试着将本书的主题做了些拓展，写作的"文学性"——比如叙述——并非仅仅局限于美学角度，仅仅在文学作品中出现。所有的写作都是叙事；作者是讲述者，是传递者，是向导，他得赢得读者的信任，在某些情况下，还得赢得读者的心。身为作者，我们其实在向读者索取很重要的东西：读者有选择读或是不读的权利，他们阅读我们的作品并非义务。在我看来，只给读者"信息"而不加修饰是不够的，这不足以吊起读者胃口，除非我们只是纯粹写一本参考书。写作中，一项不可缺的工具是……我们自己。并不是那个本我，不是那个今天嚷嚷着哎呀才十一月初啊怎么就有暴风雪了的那个我。而是作者塑造出的自己——一个更好的、更具智慧的、更为狡黠的、更为风趣、更为机敏、更为自信的自己。这个经过塑造的我，邀请你，亲爱的读者，与我同行。

# 第六章
## 坐上弗里兹小姐的校车
## 或者，我们究竟想要如何学习科学

> "该搬家啦，"一月的一天，寄居蟹这样说道。
> ——埃里克·卡尔《寄居蟹之家》

　　生于"婴儿潮"一代的我们有一个共同记忆，初中时大家都看过《神奇的血液君》（*Hemo the Magnificent*）[1]。事实上，那时候每所学校都必须备有一份16毫米的电影胶片，可见当时这部电影多么火。这部电影是1957年由贝尔实验室出品的，富兰克·卡普拉是这部电影的制作人，它的片头曲用的是贝多芬的第九交响曲，动画制作品质在当时遥遥领先，影片的旁白"研究博士"的配音是富兰克·贝克斯特。我至今认为这部影片教了我们太多关于人体循环系统的知识——尽管只有五十五分钟，却比任何课本讲得都要详尽。

　　我最近又看了一遍影片的结尾部分，伴随着贝九合唱，贝克斯特把循环系统所有的知识点都罗列了一遍（"都这样了你还敢说你不会？"），最后影片以铿锵有力的心跳声结束。影片首播时，《时代》杂志对其进行了严肃批判，认为这部影片拉低了科学的层次，幼化了科学，但是即便当年《时代》对其大肆攻击，我仍然认为我最喜欢以这种方式学习科学知识。我们应该都还记得，当血液君（一颗动画心脏）向贝克斯特发难，问他自然界何种物质与血液最为相似时，贝克斯特机智地回答，"海水"。

　　我推测几十年后的今天，我的学生回忆起小学科学课时，脑海中浮现的应该是《神奇校车》（*The Magic Schoolbus*）系列丛书，他们想到的估计是古灵精怪的弗里兹小姐[2]，她那头张扬的红发，可以做温度计使用的耳环，以及科学主题的衣裙。她是一个与众不同的老师，令人印象深刻：执着、古怪、

---

1　1957年美国出品的关于人体循环系统的教育类型电影。——译者注
2　《魔法校车》人物之一。——译者注

反传统。这本书开篇描述的是校园里的事，孩子们做研究，做图表。故事发展至此，学习还是一种静止的状态，以读写为主的传统式教学。然后，旅行开始了，弗里兹小姐开着校车带着孩子们潜入大海，深入地球内核，回到史前时期，无所畏惧。这本书传递的不只是信息；它告诉读者什么是"探索式提问"——这本书告诉我们，科学，并非静止的数据，你需要跳上大巴，勇往直前。

我对《神奇的血液君》和《魔法校车》作了如下几点总结。其一，我们希望科学知识的传授者热情洋溢，只有这样我们才能既学到探索的精神又获得信息知识。信息如何传递是非常关键的。在一定程度上，古灵精怪挺有用的，比如《那个搞科学的家伙叫比尔·耐》[1]；换言之，我们从这些古灵精怪的人身上学到了什么叫作对知识充满热情。其二，我们喜欢跳上巴士。我们喜欢披荆斩棘勇往直前，喜欢问题得到圆满解决，喜欢得到合理的解释。当信息自然而然成为我们"征途"的一部分，成为我们需要解决的问题，我们的心理机制会主动吸收这些信息，我们的注意力会更为持久，我们会将阅读中的时间"无缝衔接"。在本章中，我要谈谈那些优秀的科学文本作家，从埃里克·卡尔到《纽约时报》，谈谈他们是如何带着读者跳上巴士的。

## 读到最后：为《纽约时报》写关于癌症的文章

如果我们要从众多重要的科学文本作家中，挑出一位写性命攸关的医学前沿文章的作家，我首先想到就是德尼斯·格雷迪。她的工作是将最为复杂的医学研究写成文章，发表在《纽约时报》上。她写的文章篇幅都很长，需要读者从首版一直翻至内页，所以，她常说她的首要任务就是保证读者能够"读到最后"，防止读者耐心用尽，开始"萃取式"阅读法。我选取了格雷迪最为复杂的一篇文章作范例，这篇文章叫作《受训消灭癌细胞的免疫系统》（ *An Immune System Trained to Kill Cancer* ），在这篇文章中，格雷迪以精巧的叙述向读者展示了一项重要的医学发现。

像许多科学文本的作家一样，格雷迪也习惯以一个案例作为开篇，这个案例包含了整篇文章重点讨论的信息："在文中，我会尽量叙述，因为叙述能吸引读者读下去。我们都希望知道后来怎么样了，人们是怎样发现这一结果的。所以当我发现一个故事，或是一些有趣的人物时，我就会利用这个故事或这些人物吸引读者的注意，当然也在其中穿插我想要让读者知道的信息。"

---

1 美国一档科学电视节目。——译者注

在我们马上要读到的这篇文章中，她就运用了这一写作技巧，开篇她讲述了一位对自己的病情一筹莫展的白血病患者的故事：

卢丁维格，65岁。他曾是新泽西州布里奇敦市的一名狱警，现已退休。卢丁维格感到他的生命之火日渐黯淡，而他也坦然接受了这一事实。

医生提取了他身上10亿T细胞——这是一种能对抗病菌与肿瘤的白血病细胞——然后在细胞中注入新的基因，新基因能促进细胞生长并对抗癌细胞。接着，基因改良过的细胞被重新注入卢丁维格的血管中。

一开始，一切看似正常。但10天后，卢丁维格病情恶化。他恶寒体颤，体温骤升，血压骤降。他太过虚弱，医生只得将他转送重症病房，并下发了病危通知。他的家人都赶到了医院，已经做好了最坏的打算。（2011）

一开篇，格雷迪就向读者揭示了一个令人震惊的事实，卢丁维格的治疗方案杀死了"0.9千克"的癌细胞。

有了这么一个勾人的开头，格雷迪便能顺利引导读者研读文章接下来更为专业性的部分。之后，她解释了经过基因改良后的免疫系统细胞是如何在人体运作的。虽然文章写的是专业理论知识，但是格雷迪再一次将故事穿插在理论之中，她也懂得运用读者更为熟悉的类比。比如，病人的T细胞被"重新编程"，以此定位并攻击癌化的B细胞（B细胞是免疫系统的一部分）；他们还得"瞄准靶心"，那就是CD19蛋白质，这一蛋白质附着在B细胞表面。用研究小组组长卡尔·琼的话来说，被植入人体的蛋白质化合物将这些T细胞变身为"连环杀手"。

但是难题仍未解决——改良过的DNA如何进入T细胞呢，答案出乎意料。琼及其助手将HIV病毒内部分子破坏，然后将其注入细胞内。因为HIV病毒的内部已被破坏，不再为完整的AIDS病毒，所以即便在细胞内，也无法再生。病人的T细胞被提取出来，体内残留的T细胞被摧毁（为了不影响疗效），T细胞与携带HIV病菌的细胞接触，然后再次注入病人体内。到这一步，琼将病人称为"生物反应器"。又是一个能够帮助读者理解的类比。

改良过后的T细胞能够攻击病人体内的B细胞。（无论癌变与否，B细胞全体阵亡，而原本由B细胞负责防御的感染问题，也需要病人以药物加以预防。）一步步，格雷迪带领读者进入文章最为专业的核心部分，文章中引用了医生的专业解释，医生巧妙地运用了类比隐喻，尤其是那句"重新编程"，正是问题的本质。文章末尾，格雷迪笔锋一转，又回到文章初始的病人近况，卢丁维格因为这一堪称奇迹的疗法，重获新生：

> 发热来势汹汹时，他并不知道这其实是个好现象。相反，他以为治疗根本不起作用。但是几周之后，他的肿瘤科医生埃里森·洛伦告诉他，"你的骨髓中已经没有癌细胞了"。
>
> 想起那个时刻，卢丁维格顿了顿说，"再向你重复这句话，我的鸡皮疙瘩都起来了"。
>
> "我感觉棒极了，"在最近一次访谈中卢丁维格告诉我，"早上的高尔夫球课，我走了18个球洞那么远。"

以卢丁维格的经历作为这篇文章的主心骨可不只为了吸引读者；格雷迪还有着一名作家的使命感，她认为应该向世人展示科学是如何帮助病人战胜病痛的。下面这段有点儿长，是她发给我的一封电子邮件，她和我讨论了使命感的问题：

> 在我写医学文章的时候，我也感到一种使命感——一种将真正的病人放在心里的使命感。新的治疗方案听上去当然不错，但是作为病人，在这一治疗过程中，究竟要经历些什么？这个部分一旦缺失，文章里的信息再多也是贫瘠的，因为信息完全在真空中。我写的东西与人息息相关，所以我觉得在文中一定要点到这一点。
>
> 几年前我参加了一个学术会议，会上记者、医生济济一堂，讨论医学信息该如何面向大众。当时有一名医生站起来，指责记者写病人及其经历写得太多。他说那些细节实为"逸事"，根本就满是偏见与主观臆断。我情绪也上来了，即刻想赏他一个白眼，心想这个医生一看就是在象牙塔待久了，与世界已经脱节，难不成他以为人们想读那些枯燥无味冷冰冰的数据吗？我想，这就是医学杂志与新闻报纸的不同之处。我还觉得这是他抢夺话语权的方式：别管那些哭哭啼啼的病人了。他们什么都不懂。但是，我也明白他这话的道理：或许成千上万的病人都吃了这种药，或进行了这一手术，而我拿来写成新闻的病人毕竟有限。这些病人有代表性吗？我只能回答，作为记者我们只能尽力而为，选取那些看起来镇定、理性、公正的病人进行采访。我发现同意接受采访的这些病人也在尽力做到客观公正，

因为他们也想帮助那些与其遭遇相似的患者。

事实上，格雷迪在文章中写了不止一个故事，而是好几个故事并行，她老练地将故事穿插在文章中。有病人的故事，有研究发现的故事，也有治疗本身的故事，虽然内含专业信息，但是她以读者熟悉的类比降低了阅读的难度。承认吧，我们离不开叙述。

## 一周文章

　　所有的文章，尤其是纪实性文本，阅读时都需要运用之前积累的知识。事实上，人们普遍认为知识积累的多少与阅读理解能力成正比。即便是再容易读的文章（对阅读高手而言），比如格雷迪的文章，也需要你有一定量的知识储备。学生知道什么是化疗吗？知道什么是白血病吗？如果他们对这样的术语根本不了解，那么文章一开始就读不下去了。

　　凯利·盖勒格是这么训练他的学生的：他们进行一项名为"一周文章"的练习，以此建立对这个世界的知识储备。他会选取格雷迪这样的文章，向学生介绍某种知识、术语、立场。这些话题都是在正式出版的报纸杂志上引起社会广泛讨论的。他是这样解释他的策略的：

　　　　我的学生之所以读得不顺，有一部分原因是他们很少将知识储备带入阅读之中。他们能解码每个单词的意思，但是没有任何背景知识，这样的解码根本是无意义的。

　　为了帮助学生建立知识储备，我每周一的早上给他们布置"一周文章"。到学年结束的时候，我希望他们总共能读35—40篇文章，了解世界上在发生些什么。只教学生们了解某本小说的主题是不够的；如果我的学生们想要真正掌握读写，他们就必须扩宽阅读范围，打开真实世界的各种文本。（n.d）

　　想了解他近期的教学，请访问：
http://kellygallagher.org/resources/article.html

有时候，我们常教（或错误地教授）学生，隐喻是一种"语言的艺术"——这种说法让人觉得隐喻就是一种"漂亮话"而已。然而隐喻与其"表兄妹们"（明喻、类比、寓言）对我们理解科学文本有着相当大的帮助，而且它们与文本中的故事息息相关。比如格雷迪文章中的"连环杀手"就把新的知识（用细胞工程技术摧毁癌细胞）与大众熟知的信息（电影、新闻中塑造的我们熟知的杀手形象）联系在一起。这唤醒了人们熟悉的故事类型，或者以心理学的角度解释，激活了一种机制。想到"杀手"一词，我们自然会联想到"无情""毁灭""不挑不选"，甚至是"洗脑"。若没有这一隐喻帮助我们理解，我们怕是会迷失在术语之中。

隐喻很重要。想要理解得当，一条相当重要的原则就是会抓重点（奇尼、兹默曼，2007）——作者懂得提示读者何处需要重点理解（比如，标题、重复）。抓住作者的隐喻，并理解这个隐喻，也就保障了你对文本的理解。话题越是生僻（比如刚才关于癌症研究的文章），对作者使用的隐喻加以解码就显得越发重要。

就我个人经验而言，隐喻并不好写，然而一旦用法得当，则事半功倍，因为它能将不熟悉的事物转化成你已经知晓的事物。好作家对此深信不疑，作为他们的读者，我们也理应如此。隐喻不但能够帮助读者理解，它们还能推动科学发展的进程。悉达多·穆克吉的获奖作品《众病之王：癌症传》（2010）中最令人胆战心惊的一章，是关于乳房切除术的进展——至今人们听到这个词都不寒而栗。"乳房切除术"这个词源自拉丁文的"radix"，意为"根"；"小萝卜"这个词与其有着相同的词根。这个词指的是治疗癌症需要通过手术切除病灶；切得越深，病灶根除得就越彻底。这一医学手段的主要支持者之一，威廉姆·斯图尔特·霍尔斯特德嘲笑那些因为怕病人身材变形而不敢动刀切除病灶的医生们，认为这些医生的善意用错了地方：

> 一般医生都会选择切除病人的胸小肌，因为胸小肌的功能性较小，但是霍尔斯特德却认为刀应该切得更深，切至乳腔，切除胸大肌。胸大肌主要负责肩膀和手部的运动。（穆克吉，64-65）

不仅如此，他还主张进一步肃清锁骨处的淋巴结。尽管有些女患者通过手术活了下来，似乎治愈了，但是随后的证据表明，这些女患者之所以"被治愈"，是因为她们的癌细胞本来就没有扩散（也就是我们常说的早期患者）。

即便不做这么残忍的手术，她们也可能被"治愈"。对于那些癌细胞本就已经扩散的女患者来说，霍尔斯特德的手术也是无效的。穆克吉批判了以霍尔斯特德为首的这批外科医生的做法，认为他们困在自己编织的"极端主义"的隐喻中。

## 作为信息故事的绘本

> 当我想要自我娱乐的时候，我会寻找一片最为幽暗的树林，树木枝繁叶茂层层叠叠不见天日，深深浅浅绵延不绝。若我住在城市，则寻找那种深幽的沼泽。我踏入沼泽之中，如同踏入圣土。
>
> 亨利·大卫·梭罗，《漫步》

作家给读者传递信息，写作思路有两种，或列表，或说故事。比方说，一个人写乌鸦，则会罗列乌鸦主要特征，或是把其习性罗列出来——交配、进食、交流——然后分段陈述，比如劳伦斯·普林格尔的佳作《听，乌鸦来了》，就用了这样的写法，作者概括了所有的乌鸦，所以文中都是复数形式——就像普林格尔所写的：

> 乌鸦们什么都吃——昆虫、蚯蚓、蜗牛、蛤蜊、老鼠、谷物、腐肉（死掉的动物）。乌鸦的胃里发现过多达650种不同的食物。它们的饮食随着季节变化。5月至6月甲壳虫繁衍旺盛，在此期间，这就是乌鸦的主食。而到了夏天，乌鸦们则吃夏天繁多的食物，比如野浆果，蟋蟀、蚂蚱。（1976，6）

尼尔·杜克（2004）称这种明晰、有趣的写作为"非叙述型信息文本写作"。百科全书、维基百科、教科书运用的都是这种类型的写作模式。然而，如果考虑读者阅读的持续性，这种写法需要作者承担很大的风险：信息叠加到一定程度，很可能造成消化不良，读者更想要一种读起来轻松些的写作形式——不出意外，叙述是读者的首选。普林格尔的书中也以如下叙述段落完成了写作形式的渐变：

> 听，乌鸦来了。鸟巢挂在高树上，里面有三只幼年的乌鸦。树上的鸟巢宽敞结实，用以树枝架起，里面填充着软性材料，比如草、苔藓和鹿毛。

小乌鸦们饿了。它们嘶哑着喉咙呱呱叫着。接着，一只成年乌鸦飞进视野，幼年乌鸦立刻高声合唱起来。（18）

这样的段落能将话题写得更为具体：普林格尔也具象化了乌鸦，而并非泛泛而谈。对于小读者（以及年龄稍大的读者）而言，这种写法更容易使他们共情，若只是罗列信息，恐怕达不到这种效果。

漫步。"漫步"是纪实性文本的主要写作手法之一，这种形式松散又具有即时性的写作手法深受众多名家的喜爱，比如弗吉尼亚·伍尔芙、安妮·迪拉德、威廉姆·哈兹利特，当然了，还有亨利·大卫·梭罗。这种写作手法将作者观察到的事物以松散的叙述连接在一起。自然主义者都对"漫步"情有独钟。比如我的父亲。一到夏季，他几乎每天都要背着他的"二战"背包，带上我家的达克斯猎犬汉斯，前往我家附近的小树林，观察研究捕食蚊子的昆虫。每到圣诞节期间，他会带着猎犬和望远镜，在奥杜邦鸟类研究基地蹲点。在我心中，科学家几乎总在不停地各地走动，"漫步"成为他们生活的一部分。

许多信息类童书，也将"漫步远足"作为主题；小男孩小女孩（甚至是小动物）从家出发，在大自然中探索发现，迎接一个个挑战。旅程为文章提供了时间及人物主线，将信息串联在一起。以这种方式写作的文本，都会对某一特定的案例做详细描述，因此提供的信息都是具体的，而非含糊概括式的（举个例子，比如对北极熊这一动物的描述）。这种"漫步"式的文本给读者一种"现场转播"的感觉，信息实实在在穿插在故事中，不再高高在上，又因为这种形式的文本并不提供传统意义上的情节，作者有更为自由的创作空间，读者也有更舒展的阅读空间，我们可将之看作介于列表与故事两者之间的形式。文本里有特定的时间，通常为一天，学生也更容易模仿这样的形式创作，和父母分享一天发生的故事。

威廉姆·乔治的《池塘里的箱龟》（*Box Turtle at Long Pond*）就是个典型的例子。开篇为一天初始：

破晓的池塘。水面被一层白色的雾气笼罩。黄莺睡醒，从高耸的松柏树上飞到蓝莓丛中。它们俯冲至池塘边，埋头饮水。（1989）

黎明时分，箱龟缓缓爬向池塘。漫漫征途中偶遇众生——花栗鼠、暴风

雨后的蚯蚓、一只浣熊（它一见就缩进龟壳里）、草蜢、松鸡，直至一天
结束：

> 池塘一侧，夕阳西下。夜晚的空气变得凉爽。箱龟爬进松软温暖的松
> 针里，闭上了眼睛。真是漫长的一天啊。（1989）

以一天作为时间结构的例子，还有萨沙·马维尔·兰姆斯坦的《蝾螈的一
夜》（2010），书中讲述了早春季节，斑点钝口螈爬出地洞迁徙至春塘交配的
故事，这个故事同样发生在一天内。

这种"漫步远足"的故事模式，在埃里克·卡尔著名的《寄居蟹之家》
中也有所体现，但是这个故事以一年为时间线，讲述了这一年寄居蟹交到的
朋友（海葵、海星、灯笼鱼），直到年末寄居蟹要换壳了——它开始幻想下
一年将交到的朋友（"藤壶！小丑鱼！海胆！电鳗！"）。有趣的是，卡尔和兰
姆斯坦都在叙述的基础上，加入了更为传统的术语表以及背景信息，这些在
朗诵的时候也可以读出来。所以，我认为他们是将列表式信息与叙述信息结
合在了一起。事实上，有些纪实文本作者告诉我，与以前的纪实文本相比，
现在文本记录与史实标准更为严格。

这些童书作者的书中还有一种我称为"信息浪漫"的感觉——也就是
说，他们有本事让读者记住一些古灵精怪让人又惊又喜的事实（比如，人
体的血液很像海水，或是乌鸦进食650种不同种类的植物与动物）。以桑德
拉·马克尔的《北极熊》（*Polar Bears*，2004）为例，通过阅读你会发现，
北极熊可以一口气游约97千米，能够闻到约32千米外猎物的气味；若读者
稍微动点脑筋，就会发现一只成年的北极熊胃里可以装下约45千克的食物。
再配上一张血腥的北极熊埋头苦啃白鲸的照片，那画面真是终生难忘。马克
尔可真是了解读者啊。

另一位童书科学文本的大师，西摩·西门，也擅长运用惊喜。我们来看
看他的《心脏：我们身体的循环系统》（*The Heart: Our Circulatory System*）
的开篇：

> 手握拳。好了，这就是你心脏的大小。（1996）

他告诉读者，心脏与一只球鞋的重量差不多。他用下面这个绝佳的比喻，让
读者对心脏是如何工作的记忆深刻：

用手挤压一只橡皮球。每秒用力挤压一次。一两分钟后，你的手会很酸很疲累。然而，你的心脏却没日没夜在你的身体中以这样的方式工作。（1996）

这一比喻包含着大量信息。的确如此。但这么写，绝对抓人；我们几乎感受到血液进涌的力度——让人对心脏肃然起敬。

这种"漫步远足"的写作模式，小朋友离开家融入自然见证自然的过程，也有独特的价值意义。作者不仅仅在传递事实、信息——他们也在书中塑造了一种亲近自然的态度，一种"环境的想象力"（比尔，1995）。通过塑造一个与小读者年龄相仿的人物，让他去大自然中远足，作者让读者体验到了自然主义者是如何亲近大自然的；或者用比尔的话说，作者完成了文本的使命："明确人类对自然环境的责任，是这类文本的重要价值所在。"（7）

这种责任至少有两个层面的意义：见证与管理。在《蝾螈的一夜》（兰姆斯坦，2010）中，小男孩埃文手持电筒，带着一丝好奇与敬畏，静静观察蝾螈的迁徙。他还帮助蝾螈安全到达马路对面，他自己做了一个牌子，并用电筒照亮上面的字："蝾螈来了，请慢行。"纯"信息"文本不会有如此有趣的描绘，在道德价值的意义上也有所缺失。

### 医学侦探——信息如戏

讲到我最喜欢的科学文本，我首先想到的就是作为专题文章在《纽约客》杂志刊登了几十年的专栏《医学编年史》。作者将科学知识穿插在神秘的破案与叙述之中，这种手法我相当中意。让我记忆犹新的例子，是作者对幽门螺旋杆菌的描述（见图6.1），人们现在已经知道这种病菌会引起溃疡、

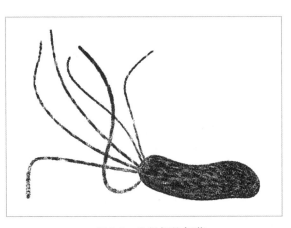

图6.1　幽门螺旋杆菌

胃癌，可能也是慢性消化不良的诱因。但是在20世纪80年代早期，科学家认为病菌无法在胃部存活，因为消化酶与胃酸能分解杀死食物中的微生物。当时科学家普遍接受的理论是，哪儿都有可能有病菌，胃部绝不可能有。

《纽约客》杂志的作

家特伦斯·蒙曼尼（1993）的文章描绘了上述理论被推翻的过程。一位来自澳大利亚的年轻研究员打破了医学界这一颠扑不破的"真理"。在这位年轻的研究员发表结论之前，人们认为溃疡是压力造成的；理想的治疗方案是长期服用价格不菲的甲胺呋硫之类的药物，并改变生活习惯减轻压力。

蒙曼尼在文中写道，巴利·马歇尔是柏斯一名32岁的内科住院医生，他发现几乎所有溃疡的病人体内都有一种病菌，因此他认为这种病菌才是溃疡的诱因。后来患者体内查出这种病菌。这一发现虽然让人惊喜，但若要下结论说这就是溃疡的病因还为时尚早；很可能还有其他因素与病菌共同导致了溃疡（两者可能只是同时存在，但并无因果关系）。更让马歇尔感到困惑的是，当他在实验室中给猪和老鼠注入该病菌后，实验对象并未发生溃疡反应（但是你想想老鼠和猪平时吃些什么，就会明白为何实验失败了，也许它们的胃对细菌的抵抗更强）。

所以，他拿自己做了实验。

在未得到医院批准的情况下（当然医院不可能同意他拿自己做实验），他喝下了将近10亿病菌，然后静待结果。第一周，除了胃部咕咕叫之外，他并未有任何不适反应，但是到第8天，他开始感到头痛，呼吸恶臭，过敏，声音嘶哑。第10天，胃镜显示他实验初始时健康的胃黏膜红肿发炎，"成堆的细菌往发炎的胃细胞上飞扑"。（66）通过治疗他控制住了病情发展，这也证明了他的观点。病菌能够在胃部生存，甚至繁殖，并且破坏胃壁。

现在，许多溃疡都能通过抗生素"治愈"，用时短，治疗费用也不高——这一治疗方案与之前相比，省下十多亿美元。马歇尔甚至怀疑，幽门螺旋杆菌是世界第二大癌症——胃癌（仅排在肺癌之后）的诱因，这一怀疑后来也得到了证实。因此，幽门螺旋杆菌从一个微不足道的胃部病菌毫无争议地一跃成为"人类最常见的慢性感染病菌"。

蒙曼尼写这篇文章最大的挑战之一，就是如何解释病菌确实能在人类的胃部生存，尽管那儿一直被医学界认为"最不适宜病菌生存"的环境。蒙曼尼的叙述口吻好似一名资深老师在授课：

> 一旦幽门螺旋杆菌触及胃部，它并不会在开放腔处逗留——那里遍布威胁它性命的化学物质。它的目标是胃壁。该病菌螺旋式的体态非常适合在稠密的介质中高速穿梭。幽门螺旋杆菌像是有生命的扭矩；又似微型旋转挖土机，能够如螺旋形起子一般起开胃部黏液。接着，它虽不会穿透

胃黏膜细胞，却在胃黏膜下方的黏液里安营扎寨。它最喜欢钻的地方，就是幽门处（胃部最底端）。没人知道为什么。在显微镜下，幽门螺旋杆菌如同卫星图像视角下的无敌舰队，一艘艘斗志昂扬，而胃部则像是破破烂烂的海滩。幽门螺旋杆菌的尾部是一小束长长的、纤维状弯曲的鞭毛，作用相当于船的锚，起到固定作用。对人类而言，它绝对是个不小的威胁。（1993，69）

通过一系列航海词语（无敌舰队、海滩、锚，甚至是螺旋形的起子，这些都让人想到潜水艇），我们眼前出现了幽门螺旋杆菌见缝插针在胃部移动的影像。幽门螺旋杆菌还能够不断进化，自我防卫性很强：

> 它外表布满了能够转化尿素的酶——尿素是胃部分泌的源源不断的无用物质——酶将尿素直接转化为二氧化碳，以及强碱物质氨。幽门螺旋杆菌周身自带能够中和胃酸的碱性水雾，酸碱中和使得其得以生存。同样的道理，它还能制造另一种抗酸剂——碳酸氢钠，这一成分胃药里也有。（69）

幽门螺旋杆菌能自行制造出抗胃酸成分，如同罩着一层保护云一般，多么狡猾。文章写得还不够清楚吗？蒙曼尼将新概念与我们熟知的事物相关联，带领我们穿行于科学之中，我们读得明白，自然觉得自己聪明——我明白了。

## 科学的浪漫

我们熟悉的科学家的形象是这样的：冷静、客观、一丝不苟——你懂的，不为自身情绪所动。在那些相对正式的书面文章中，科学家这种形象呼之欲出。但是，若你与他们交谈一番，你就会发现他们通常对研究的课题热情似火，和舞蹈家、艺术家，甚至是球迷谈起自己喜欢的东西时并无二致。在我的课上，我邀请了我的同事罗勃·德拉根来谈谈他对于压力与康复的研究，他目前的实验对象是老鼠。为了让学生对他的演讲有所准备，我们提前读了他有关实验的若干文章。我们都觉得文章中的某些术语令人困惑，比如"内因性的"，在文中指的是遭受压力的老鼠能够自我治疗的程度。下面是文章的节选，请看它的语言：

> 模式显示康复可能是因为一种内因性的苯二氮结构的化合物被激活，

这种化合物或许是GABA接收器比如四氢孕酮的变构调制器。从ISS模型来看，我们观察到康复的老鼠从压力诱发糖皮质激素中的保护增加，免疫力被激活。（德拉根等，2013）

你看这文本复杂成这样！但是，当我们在班里见到罗勃本人时，他的谈吐言行根本不像文中那么冷冰冰。他一开场就介绍了最新的实验结果，并向我们保证实验结果绝对让你"惊得眉毛掉下来"。

他说的没错。

他给我们描述了实验的过程。老鼠被丢在水里，它们一边游一边发出高频的尖叫，人耳无法听见，并且他已经证明了在水中发出尖叫的老鼠懂得如何处理压力——这项实验很大程度上帮助了实验者快速鉴别那些康复能力强的老鼠。罗勃认为也许那些康复能力最强的老鼠才能发出那样的尖叫，尖叫实为一种警告。他的实验进一步论证了为什么在强压下有些动物（包括人类）会精神崩溃而有些则能够扛得住压力。比如，有些士兵会经历创伤后应激障碍，有些则不会，尽管他们经历了同一场战争。究竟何种内部机制能对这一差异作出合理解释？罗勃猜测，动物体内有一种"内因性"的机制，这种机制能够释放凝神安定作用的化学物质，有些老鼠能够通过这种化学物质减轻压力，因此康复得也相对迅速。好吧，他这么一解释，文章就好懂多了。

很显然，他的研究非常学术，也绝对谈不上浪漫。但是我相信，像我同事那样的科学家们，他们对科学研究最初的爱，或是被什么人启蒙，或是被一本书启发，也可能因为享受到探索过程的乐趣而一发不可收。米歇尔·耐豪斯是《国家地理》与《史密森尼》杂志的专栏作家，她认为：

> 人们总是以为科学文本的写作很"冷血"，但是从各种角度来看，科学文本都是最人性化的写作。说到底，科学总归是一种探索，是一种最为古老最历久弥新的故事。科学探索是不断寻找答案，接受挫败，忍受枯燥乏味的过程，也是与同僚相互竞争的过程，因为每位科学研究者都雄心勃勃想要告诉你，在他们眼里，世界如何运作。（2013）

我尤其中意的一本书，是保罗·迪克吕夫1926年的经典《微生物猎人传》，书中详细描绘了科学家们如何发现导致疾病的微生物，他们研制出的疫苗防止了这些微生物对人类造成伤害。我读到这本书时，小儿麻痹症刚好遇上能消灭它的沙克疫苗——我还记得当时我还是小学生，站在学校等待疫苗接种的队伍里，长长的队伍延伸出几百米。有些比我们更早出生的人，还得躺在"铁肺"[1]里一段时间。因为这段经历，我觉得《微生物猎人传》与我颇有渊源。

《微生物猎人传》的文笔绚烂，有戏剧性，也很亲切。比如对路易斯·巴斯特在未发酵的"红酒"中发现微生物（无酵母片的情况下）的描述，在当时的法国，红酒变酸的问题正困扰着酿造业：

> 并没有酵母片，一点儿都没有，但是有些不同寻常的东西，一些他从未见过的奇异景象吸引了他的注意。那些缠绕在一块儿翩翩起舞木棍样的大块儿物质，有些独立成型，有些则如同捆在一块的船只，这些物质在奇特的连续震颤中闪闪发光。他无法猜测这些物质究竟有多大——它们要比酵母小得多——大概只有3.81厘米长。（62）

当然，他发现的是微生物。迪克吕夫在描述巴斯特的坚持，他对科学的热忱，以及发现微生物的狂喜上毫不吝啬笔墨，一点儿都不忸怩作态。难道小读者会喜欢忸怩作态的故事吗？

我最近发现，许多与我同辈的人都有和我相似的经历。比如琼安·艾伦菲尔德，她是罗格斯大学著名的生态学家。她写过自己缘何成为一名生物学家的故事。母亲给了她最深远的影响，她的母亲是一位小提琴家、一位音乐老师，她认为人类最为珍贵的品质在于"以一颗有创造力的心，用全新的角度探索、学习本已广为人知的事物"。

> 科学体现了这一品质。所以我觉得我在孩童时期，就懂得从图书馆借来各种关于科学与科学家的书一点儿都不奇怪；保罗·迪克吕夫的《微生物猎人传》是我早期的最爱之一。当然，在20世纪50年代的纽约皇后区公立学校，我这样的小姑娘有点奇怪。但是那本书太振奋人心了，我清楚地记得，我读得根本停不下来，那些科学英豪在我脑海中不停闪现。紧接着，苏联人造卫星发射成功，世界就此改变。政府号召全美学生学习科学，很快全社会都开始响应。我记得我站在小学的操场，与同学畅想我们未来都会成为科学家。（2012）

---

1　一种人工呼吸器。——译者注

想要动员学生热爱科学，我们能做的就是给他们科学佳作，然而教科书在这方面实在缺失。我们需要展示给学生的，不仅仅是各种名称和标签，而是科学研究的过程，科学研究的精神，心里那一份痒痒的、执着的热爱，以及科学本身的美感。科学文本的写作充满了动感、变异、变形、攻击与防御、灭绝与生存、困惑以及解决方案。

　　世界万物并非静止，连埃里克·卡尔笔下的寄居蟹，都知道："该搬家啦。"

3

你想不到的地方，
也有故事出没

# 第七章
# 议论能称作故事吗？

故事是我们对事物相关性的理解。故事是我们学习方式的核心，故事能强化记忆，也能提供我们想知道的细节。无论你怎么罗列事实，都不可能有故事那么吸引我们的注意。

——吉姆·麦克汉尼，鼎鼎有名的大律师、《ABA》杂志[1]专栏作家

几年前，公民应尽的义务落到了我头上，我被选进了陪审团。我一般都能逃过陪审团的活儿，但那次还是被拎去听了一堂公审。我花了一周时间观察律师如何处理一起恶性酒驾的案子。案情如下：男青年开着小货车带着女青年，女青年坐在副驾。途中遇到一当地警察，警察认出了男青年，并且确定他的驾照处在被吊销状态。所以该警察在车顶安上警灯，追上小货车。

以上是案子铁证如山的部分。货车被警察拦下来时，警察认为司机和副驾互换了位置，因为他打开门时，看到副驾坐的是男青年。男青年的证词是这样的：他说他从头到尾都一直坐在副驾，而那个女青年是他的代驾（或许还有其他身份）。因为被告确实被吊销了驾照，所以"代驾"这一说法在本案中尤为关键。

作为陪审员，我们离不开故事——事实上，我们被故事锁得牢牢的。究竟哪一个版本可信呢？我们被带去查看那辆货车，分析它前座的结构，这辆车的前排两座间隔着一个放茶水杯的装置。我们细细琢磨了案发时警察从车尾看到司机的视野范围；我们听取了女青年的证词，她发誓一直都是她在驾驶。被告精明的辩护律师宣称隔着茶水杯装置，两人根本不可能迅速换座位。然而，那位警察，尽管被反复盘问，仍然坚信男女青年千真万确换了座位。

作为陪审员，我们的分内职责就是理清纷繁线索。当我们回到陪审团休

---

1 美国著名法律杂志。——译者注

息室，大家都终于松了口气，因为总算能对我们所听到的证词畅所欲言了。陪审团主席提出了关于换座位的问题——司机和副驾真的能像警察说的那样换座位吗？一位陪审员说："当然能啦，我家就有一辆那样的货车，我和副驾开长途的时候常常这么换座位，因为不用花时间停车。根本不难办到。"很显然，换座位这件事并不少见，因为有好几个陪审员也附和说他们常常换座，还有些人干脆起身示范给我们看。

故事还没完。根据新罕布什尔州的法律，我们有权查看被告的犯罪记录，就这个男青年的记录来看，整张整张都是他酒驾的罚单。我们传阅他的犯罪记录，眼前浮现的是一个无法自控的酒鬼形象，监禁根本无法阻止他对酒的欲望——他的情节太过严重，理应被判一年劳教。

我们投票判决他有罪。我还记得我们回到审判室时，瞧见被告和他的律师坐在那儿。有人说，你只要看陪审员们的表情，就知道审判结果了，我信。我知道作为陪审员，我推动着这个故事的走向。被告将被押送至审判室附近的县监狱，在那儿服刑一年。我们，剥夺了他生命中一年的自由时光。

我叙述的这个案子表明，在审判室里的争议通常来自哪方的故事更为可信。作为陪审员，我们要以自己的生活经验判断听上去矛盾的故事，确定哪一个故事更为合理。这是司法或法律辩论的本质——通过证实过去行为的性质来判定谁该负哪些责任。当我和地区最高法院的法官讨论这个案子时，他认为律师必须懂得如何讲故事。"我记得我打过一个官司，我的当事人被公司无理解雇。我讲了他为公司做的贡献，特别讲了他在公司的最后一日，然后我的结语是，'然后他们就把他像早上要丢的垃圾那样倒掉了！'"最后，他补充说，那个官司赢了。

## 议论与叙述

詹姆士·肯尼威（1971）在他经典的关于话语目的的著作中，将语言运用的目的分为四大类——说服（比如政客演讲）、娱乐（短故事）、告知信息（百科全书）以及表达（日记）。当然，这四种目的有大量重合的部分，但是肯尼威认为大多数情况下，文本中都会有一种最为突出的目的。叙述显然是其中的主力。没必要再碎碎念叨"叙述是文学作品的核心"这样的话了，因为显而易见，叙述作为人类最主要的表达方式的地位（也就是"表达性话语"）毋庸置疑，比如，你向朋友或配偶聊聊今天过得如何。

在前几章中，我论述了在科学文本中，变化是必需的。这种变化使叙述成为科学文本中最为自然的交流形式，读者也因为叙述能够更好地理解文本。

然而，说服性话语中的叙述却不那么明显。《共同核心州立标准》的作者对比了叙述与议论，后者被认为是一种更为成熟、功能性更强的文体。史蒂夫·泽梅尔曼评论道："《共同核心州立标准》的起草者发表演说时，不断诋毁叙述，认为叙述不过是一种边缘化的装饰，是幼年学生对自己生活不成熟地过分关注，是一种不得已的选择。"（2011）甚至《共同核心州立标准》的文件还特意抽出很大篇幅讲述《共同核心州立标准》是如何制定的，以此加强其可信度。

公平地说，在阅读与写作指导领域，议论与叙述之间早已楚河汉界。议论与叙述被看作两种毫不相同的文体——议论靠的是论点与论据，叙述靠的是时间线以及人物冲突的展开。叙述讲究的是场景、细节、情节。《共同核心州立标准》的制定者欲说还休，甚至有时脱口而出的"言下之意"是：等你进了大学，或是找到了工作，你可得懂得用论据论证来申辩啊，而讲故事可没什么用。

然而，议论与叙述往往又是交织在一起的。法律用语，比如我在本章开头提到的例子，是亚里士多德定义的三种议论形式之一——法律用语中穿插着争辩性的叙述。他定义的第二种议论形式是仪式用语——葬礼致辞、毕业典礼、推荐信。这种议论形式主要用于赞美及谴责，总结过去发生事情的意义。我们可以举出许多例子和故事：纪念仪式、婚礼祝词，其实都是由一个个故事组成的。

亚里士多德总结的第三种议论形式目的性更强，它的作用在于说服听众行动起来（或放弃行动），比如制定政策。许多面向公众的辩论，核心都是解决某一个问题。但无论具体的议题如何，叙述都是必不可少的。有些问题的解决需要各方给予关注（公共卫生的开支、当地学校生源过剩）。解决这种问题，首先需要对问题原委铺垫叙述——议论的作用在于构建叙述，这个叙述要符合因果逻辑。因此，议论都会涉及一个问题："我们是怎么走到这一步的？"

另一个显而易见的问题是"我们该怎么办？"叙述在这个时候再次派上用场，而且此时的叙述并非单一叙述，而是多重叙述。任何经过深思熟虑的解决方案，都需要对情境进行预判或规划。如果我们采用方案X，该方案能够解决问题吗？这个方案会不会对什么人造成负面影响，会不会引起政治抵触？会不会造成一些意料之外的后果？这种预判，尽管只是对情境的揣测想象，但也是叙述的一种，也需要我们构建多重"剧本"。如果我们这么做，会怎么样呢？

任何决策者作出任何决定，都要考虑时间因素，都要在过去与将来之间作出权衡。论据与论证在构建最为合理的故事方面至关重要。任何试图割裂叙述与议论、论据与故事的做法都存在重大缺陷，因为这种做法忽略了人类做决定的一项重要因素——时间（情感）的连续性。

## 重回高中

学校以外的世界是个没什么逻辑可言的地方。库尔特·冯内古特曾说，高中生活总是围绕着谁最受欢迎、啦啦队以及橄榄球转。而当他进入大学，却发现周遭的人们都在谈论"大事件"以及生活的哲学。大学毕业后进入"真实世界"，生活却又"回到了高中的轨迹"。

我在读《共同核心州立标准》时，反复看到"为大学做好准备"以及"为职业发展做好准备"这样的字眼，不禁让我联想到以上冯内古特对生活的真切观察——《共同核心州立标准》给人一种"大学"与"职业"没什么不同的错觉，讲得好像学术议论文（《共同核心州立标准》讨论的重点）与商业民众社会里说服性言辞并无二致。但在我看来，后者的重点恰恰在于叙述，我可以举出许多书的例子佐证这一观点，比如约拿·萨克斯的《故事大战：为什么那些懂得讲故事（或活在故事中）的人会主宰未来世界》[ *Winning the Story Wars: Why Those Who Tell (and Live) the Best Stories Will Rule the Future*，2012 ]，安妮特·西蒙斯的《最会讲故事的人是真正的赢家：如何用你的故事获得权力与影响力》( *Whoever Tells the Best Story Wins: How to Use Your Own Stories to Communicate with Power and Impact*，2007 )，罗伯特·迪克曼与理查德·马克斯维尔的《说服的艺术：利用故事赢得商业先机》( *The Elements of Persuasion: Use Storytelling to Pitch Better, Sell Faster & Win More Business*，2007 )，史蒂芬·丹宁的《领导如何讲故事：掌握商业叙述的艺术与规则》( *The Leader's Guide to Storytelling: Mastering the Art and Discipline of Business Narrative*，2011 )，以及彼得·格鲁伯的《会说为王：以故事中蕴藏的能量联系、说服、成功》( *Tell to Win: Connet, Persuade, and Triumph with the Hidden Power of Story*，2011 )。

> 学术界鼓励一种虚假的谦逊；在政界，你得自己捏造出一个形象——打造你的个人传奇，告诉听众你的生活与一些政策息息相关。而在学术界，欣赏的是你的坦诚、学术上的敏锐，以及始终遵循逻辑。在政界，以上这些品质只会毁了你。
>
> 大卫·布鲁克斯《精炼者之火》

我们先来看《共同核心州立标准》中对议论的定义，在该标准中，议论与说服完全是两回事，完整引述如下：

> 当你写说服性文章时，会用到各种说服策略。最为常见的一种策略就是运用作者/演讲者本身的信服力、个性以及权威性。当作者在文中定下博学可信赖的基调，读者会更相信他们读到的文本。另一种策略是运用读者的自我兴趣、身份认同、情感，任何能够撼动读者的因素都适用。而一篇逻辑清晰的议论，以上这些策略都无效，议论能够打动读者，只在于文本中提供了合理的解释以及证据，读者能清楚感知到论点的利弊。《共同核心州立标准》强调了议论的重要性，更强调了这是大学以及职场中一种极为关键的写作形式。（国家最佳教学理事协会，主州学校办公委员会，2010c，24）

以上对"议论"与"说服"的区分并不引人注目，在我看来也没什么好挑刺的地方。

但是古典修辞学派一定会跳起来指责这一观点。他们认为哪一种策略的运用都不可缺失，这些策略共同构建了文章结构性的平衡——韦恩·布斯称之为"修辞派"。（他把过度依赖逻辑的文章称为"老学究派"，这是一些学术文章，其实是写得不怎么样的学术文章的通病）。演讲者/作者的个性实在关键——只有赢得听众/读者的信任，逻辑才能发挥作用，不然逻辑再好也是无效的。如我之前所说，对于持续性阅读而言，这一"人物角色"或向导作用至为关键——我们会和这个人物角色共度一段时光。同样的，如果一篇议论文无法引起读者的情感共鸣，与读者的价值观相悖，对读者的希冀、恐惧、自我兴趣以及身份认同视而不见，这样的文章注定是失败的。确实，"合理"一词本身就敦促我们对以上这些因素作出判断。

## 道德家——能够引出议论的故事

我最喜欢的专栏之一，是《纽约时报》的《道德家》专栏。查克·克劳斯特曼（Chuck Klosterman）是该专栏的作家，他负责给那些陷入道德两难境地的人回信，读者来信描述的道德僵局并不是非黑即白的局面。我很喜欢以下这个"奥利奥窃贼"的故事，一个人从酒店的迷你吧台"偷走"了一包奥利奥饼干。原信是这么写的：

当我入住加州一家酒店时，我快饿死了，所以我从房间的迷你吧台那儿拿了一包价值6美元的奥利奥饼干吃。没多久，我路过街边的便利店，买了一包一模一样的奥利奥饼干，便利店才卖2.5美元。于是我趁酒店还未补货前，把我刚买的那包塞回了迷你吧台。

这么做有什么不妥吗？我自认为"没损失，就没罪"。事实上，我买的那包还更新鲜呢：我买的比我吃的那包多三个月保质期。（2010，mm22）

我向学生提出了文中的问题，让他们对此自由写作。他们大多数同意作者的观点，认为既然没有本质性的变化，就不算犯错。但也有一小部分学生对此持保留态度——他难道没有享受到酒店的服务吗？（当场吃了酒店提供的奥利奥饼干）——他当时没有付钱啊。这与偷窃有何不同呢？如果你认识酒店老板，你还会这么做吗？如果他的行为是"道德"的，那他为何对此耿耿于怀？如果每个人都像他这么做，社会道德底线在哪儿呢？

顺便说一句，后来还真有许多人效仿文中的行为，对此酒店不得不对迷你吧台里的物件都扫上了条形码以防止有人偷换酒店物品。防范措施的费用由酒店所有客人承担。

## 数据的局限

婚姻，她感觉，当然总体而言是个不错的安排，除了一点，那就是婚姻可一点都不"总体"。婚姻可是一件非常非常具体的事情。

——洛莉·摩尔《房地产》

最近，我听到一位课程主任是这么解释学生测评的变化趋势的："过去，我们依赖观察与书面报告。现在，我们看数据。"她显然觉得这一变化可喜可贺。依赖教师对学生的观察描述，也就是依赖"故事"是不科学的，太过感性，全凭印象，简直愚蠢。数据切实、客观。这让我想到另一个故事。

这样的故事每天都在发生。体检报告出来了，癌症，子宫癌——妻子与我想的是，如果逃不过癌症的命运，子宫癌大概是最值得庆幸的，这个部位的癌症不易扩散。我们坐在咨询室里，对面坐着马萨诸塞州总医院的癌症专家。他每周往返新罕布什尔州的多佛与马萨诸塞州的波士顿，省去当地病人旅程辛劳。这位癌症专家给出了数据，如果只做放疗有30%的概率可能复发，如果既做放疗又做化疗，概率降低到10%——如果我们什么都不做呢？（我们当然没问。）

　　我们拿到了各种数据与可能性，像所有病人一样，但我妻子并不满意这些数据，那些数字冰冷、疏离。她过了会儿问道："这数据那么繁杂，可是作为病人的我，在什么地方？"之后，她与那些接受了同样疗程的病人聊了聊，了解了他们的治疗经历，他们对这些疗程的看法，以及那挥之不去的对复发的恐惧。她需要这些故事，需要病友们的分享。她一加入病友互助会，这些故事就自然而然传到她耳朵里，对此她深深感激。

　　对于硬数据，我们的态度不置可否；理智上，我们当然明白数据的权威性以及全面性，数据明显能够压倒病友们的个人陈述，个人分享的故事比较片面，而且考虑到人类记忆退化的因素，病友们分享的治疗过程也不一定准确。然而，单一的数据并不能说服我们。约瑟夫·斯大林说过这么一句名言："如果一人饥饿而死，那是一个悲剧。如果一百万人死于饥荒，那就只是个数据。"是啊，他应该知道这点。

## 激进者马歇尔·甘茨谈领导力与说故事的能力

　　关于领导力的故事，本身就是故事，这个故事解释了我的使命。有些人认为，"我可不想对自己夸夸其谈"，但是如果你不向他人解释你的使命，不解释你为何要这么做，你以为他们就不会想歪吗？不可能。其他人会对你下注解。作为一个领袖，你别无选择。你得夺下故事的主动权，也要学会讲故事，这样他人才能明白你行动的价值，这样一来，他们也可能被打动。

　　我们无法简单地将数字转换成现实生活；数字让我们越发目光呆滞。数据无法激活，也无法生成罗伯特·科尔斯称为"道德想象"的能力。我相信现在的学校里也是这么回事，老师们被告知眼光要放在"数据"上。"数据"通常指的是考试分数，每一次考试分数叠加就是对这个学生的评价，完全与学生本人割裂开来。老师与我妻子有着同样的困惑——数字如此繁多，可是我在哪儿（我的学生又在哪儿）？

换句话说，我们常常虔诚到"每个人的生活都是神圣的"，然而我们实际行动却非如此。我们自然而然会对有着与我们相同遭遇的人更为关注，更为感同身受。基于数据写成的议论之所以俘获不了人心，是因为我们觉得这些数据指的是"别人"，甚至根本来自别人。这些所谓的"事实"无法撼动我们的信仰——甚至，根本无法影响我们的实际行为。人类的同情心是有配额的，首先给自己，再及家庭、部族，只有对以上这些，人才会真正发生同情。

蒂莫西·威尔森是《重新定向：让人震惊的心理变化新科学》（*Redirect: The Surprising New Science of Psychological Change*，2011）的作者，他认为故事之所以比数据有力，是因为你对那些原先以为与你毫不相干的人有了情感上的认同，而这一切都拜故事所赐。情绪激昂充满力度的故事，能影响我们对道德的识别，改变"我们"与"他们"之间的界限。纯数据无法真正改变我们的态度，而故事却能做到这一点。当今为道德发声者之一，是《纽约时报》的专栏作家尼古拉斯·克里斯托弗，他揭露了贩卖年轻女人为性奴的肮脏交易。他的本事在于文章写得特别具体、与人息息相关，因此文章中的年轻女人们好似我们的女儿、妹妹，试问读者怎能忍受她们被凌辱？怎能不对她们的遭遇扼腕痛惜？

> 如果你觉得将性交易描述成奴隶制过于夸张，你就去瞧一眼这位少女被毁的面庞，她的名字叫作珑·普洛斯。
>
> 从左边打量普洛斯的脸，她看起来很正常。这是个讨人喜欢的少女，面容姣好，笑容甜美。往右边看，你就能看到她的右眼是一个窟窿，那是被妓院老板挖掉的。（2009）

若只有数据，文章绝不可能如此震撼人心。

故事中道德的力量深入人心，尤其是那些探讨说服性文章如何改变人们立场的研究者，对故事中道德的力量相当推崇，他们认为对任何只局限于说理的文章都应该保留质疑态度。也就是说，如果我们真的对职业性、公民性、商业性的说服类文章感兴趣，我们就应该从事件真实发生的角度审视，而不是只盯着数据不放。

年轻人学着在写作中加入叙述的技巧，让他们的文章更有说服力，这真是件让人欣慰的事情。评分标准建议学生在第一段就提出论点，但是真正的作家（以及读者）很少会表现得如此迫不及待。相反的，有经验的作家懂得构建论点，开篇以叙述切入，给文章添加一丝张力，也吊起读者对话题的胃口。下面这位8年级的学生就是这么做的，标题（《小马不适合赛马》）就告诉了读者全篇议论的重点。

> 我心惊胆战地看了肯塔基赛马，眼睁睁看着三岁的小母马"八美"摔倒在跑道的泥地里。她行云流水的奔跑突然中断，肌肉线条优美的胸先着地，接着是她毛色黑亮的头重重撞在了地上。八美是一匹优雅动感的小马，她还有几步之遥就要到达终点，却摔倒在地。看到赛马专用救护车开进场地，人们紧张地围着八美走来走去，对讲机发出嗞嗞啦啦的声音，我的心揪成一团。八美折断了两只前腿的脚踝，再也站不起来了。兽医做了决定——他们给八美执行了安乐死。（凯瑟琳·英嘉丽契芙）

这个开头给了读者情感上的冲击，这种冲击是数据（她在后文中使用了数据）达不到的。

丽塔·夏伦在她感动了亿万读者的书《医学故事》（*Narrative Medicine*）中也提出了相同的观点。她认为医生在了解病人的过程中，叙述必不可少，她把这一过程称为"痛苦见证"[1]。病人通过分享他们的故事，与医生建立了良好的关系，这种关系是治疗的基础。每每与病人初见，她都真诚地说："我是你的主治医生，我需要了解你的身体，你的健康，你的生活。来，向我说说你的情况吧。"然后，她开始倾听：

109

> 我试着什么都不说，也不在我的板子上做记录，而是全心全意听他说话。他是一位46岁的多米尼哥男人，可能患有心脏病。我听他说话——对自己健康状况的担心，他的家庭，他的工作，他的恐惧与希冀。我听的不仅是他谈话的内容，还有他说话的方式——讲话的节奏，描绘的景象，言外之意，何处沉默，他选择从什么话题开始谈论自己，以及他觉得生活里有哪些事儿与他的病理症状相关。几分钟后，他停了下来，开始哭泣。我问他为什么哭。他说，"从来没有人愿意好好听我说这些"。（2006，177）

夏伦认为倾听病人的声音，了解他们的故事能防止医生作出草率的诊断，从检查结果到确诊太过仓促是个大问题。耐心倾听病人使得医生对病人更有同

---

1 心理学术语，指与别人分享自己的经历，尤其是创伤。——译者注

情心，也使得病人对医生更为信任。在这件事上投入一点时间，绝对值得。

做出"切实"的议论固然重要，但若不能做到双管齐下——既有叙述，又能在故事中穿插论据吸引读者，议论很难站得住脚。或如艾美奖得主NBC[1]记者凯尔·安德森所言："那些能够生动描绘事件的人，他们的描述决定了他人对该事件的看法，决定了社会舆论，也左右了决策。"（2012）

### 我觉得喝着像雪碧

我们可以试着用一家以说服顾客为主要业务的公司为例，检验一下《共同核心州立标准》对议论文的定义是否正确。我们要举的例子，是一家叫作"利平科特"的公司，这是一家国际品牌设计公司。利平科特创始于1943年，1946年设计了著名的康宝浓汤标志，这一标志后被安迪·沃霍尔艺术加工享誉全球。20世纪60年代初，利平科特公司参与设计了一款柠檬口味的碳酸饮料，这款饮料和"七喜"抢占市场份额，利平科特给这款饮料起名为"雪碧"。利平科特的主要客户遍布全球大型企业——比如三星、沃尔玛、戴尔、麦当劳、星巴克。放眼"真实世界"的说服性文案，我们能从利平科特公司的市场营销员那儿学到许多，因为他们需要真枪实弹地给客户推销他们设计的品牌，市场营销员必须具体谈谈他们对当今世界"地球村"式的营销策略的看法。

该公司一份夺人眼球的内部文件《在极度透明化的市场建立品牌效应》，开篇就向我们展示了惊人的观察力：

> 过去十年，人们对品牌的认知发生了巨大的变化。拜高科技所赐，顾客与顾客间的互动越发频繁——品牌的主动权也随之转移。当今世界，顾客占上风，他们对产品了如指掌。在这个信息透明的世界里，顾客才是老爷。（日期不详，2）

换言之，速比涛公司[2]可以向顾客推销他们生产的泳镜，而作为顾客，我能在网上读到数十篇顾客评价，再决定要不要买。但是这些公司也不会坐以待毙，他们可以塑造品牌形象。利平科特公司认为，自我推销的关键在于经营品牌故事——"这些故事真切，感人。能够让顾客了解到该品牌真正的特性。这些故事基于真实事件，并经得起推敲检验"。这些故事"运用传统叙

---

1　美国国家广播电视公司。——译者注
2　一家著名的泳衣公司。——译者注

述，有目的，有冲突，有主角，渲染主题，撩拨听众心弦"（日期不详）（我强调了重点）。

在利平科特公司看来，品牌故事能够激励、激发、调动主要听众（有时是顾客，但大多数情况下是雇员）的积极性，将他们团结在共同目标下，品牌故事与企业战略相符。许多公司组织（比如一些大型企业）总显得过于冰冷，而品牌故事使企业变得更为人性化，这样一来自然拉近了企业与各利益相关方的关系，与其他各方的交流也会变得更顺畅，品牌故事成为促进各方联系的纽带。

在打造自己的品牌故事时，一个企业首先要罗列出自己的优势以及历史，这些优势与历史是一个个节点，连在一起便构成了整个故事起伏的弧线，这条弧线撑起企业前景以及商业战略。故事讲得好，就能重铸一个企业的负面历史——比如破产、产品召回——将这些负面因素转化为企业成长的必经之路。品牌故事也向世人表明了，该企业的目标并不是只有赚钱那么狭隘；它升华了买与卖的意义，让这样的交易显得价值连城振奋人心。品牌故事还刻画了一个企业的个性，如同小说中的主角懂得抓住时机让读者了解他的个性一样。而且，就像所有的好故事都有续集一样，企业的品牌故事也会随着时代变化被不断重塑，而核心价值却保留下来，所以也不会与过去的故事自相矛盾。

所以，尽管《共同核心州立标准》的制定者鼓吹叙述在工作场合没什么用处，但位于纽约帕克大街的利平科特公司估计会投反对票。

### 葛底斯堡演说——林肯的伟大故事

即便我们转而审视《共同核心州立标准》中标注的纪实性文本，叙述出现的频率也比你想象的更多。在上一章中，我语调轻松地建议读者阅读纪实性文本最好的方法就是把它当成故事读。现在，我们就采用这一建议，读一篇纪实文本，这样吧，我们就读一读美国历史上最为著名的演讲，我们把它当作一个故事读。

---

### 葛底斯堡演说

八十七年以前，我们的祖先在这大陆上建立了一个国家，它孕育了自由，并且秉承一种理念，即所有人生来平等。

当前，我们正在内战，这是一次试炼，我们想要知道究竟这个国家，或任何一个有这种主张和这种信仰的国家，是否能长久存在。我们今天脚踩当年战争的土地。我们来到这里，把当年战场上的一部分土地，奉献给为国家的生存而牺牲了的人，让他们在此安眠。我们的做法，合情合理。

然而，就更深一层意义而言，我们是无从奉献这片土地的——无从使它成为圣地——也不能把它变为人们景仰之所。那些在这里战斗的勇士，活着的和死去的，已使这块土地神圣化了，远非我们的菲薄能力所能左右。世人不会注意，更不会将我们在此地所说的话铭记于心，但是，他们永远不会忘记这些人在这里所做的事。相反，我们活着的人应该献身于那些曾在此作战的人们所英勇推动而尚未完成的工作。我们应该在此献身于我们面前所留存的伟大工作——由于他们的光荣牺牲，我们要更坚定地致力于他们曾做最后全部贡献的那个事业——我们在此立志宣誓，不能让他们白白死去——要使这个国家在上帝的庇佑之下，得到新生的自由——要使那民有、民治、民享的政府不致从地球上消失。

我认为这篇演讲其实更像叙述，而非传统意义上论点论据俱全的议论。林肯从整个国家的角度，解释了这场战争的重要性；整个演讲的时态从过去时，到现在时，再到将来时——开宗明义，以《独立宣言》开篇，重申人人平等的意义。正是这份"八十七年前"的《独立宣言》，才有了美国这个国家。

加里·威尔斯在《葛底斯堡的林肯》（*Lincoln at Gettysburg*，2006）一书中认为，林肯故意绕开了宪法，因为当时的宪法根本无法保障人类的平等权益；相反，宪法纵容奴隶制的存在，甚至为了人口普查，将黑人算作五分之三个人。可以说，林肯的演说初现美利坚合众国实现其立国基本原则的雏形。

时至今日，内战本身被视为一次考验，看看人们是否已经普遍接受《独立宣言》的信条，是否对其信仰忠贞不渝。演说的最后一部分谈到了未来，林肯号召众人担起"面前的责任"，投身《独立宣言》构建的理想之中。仍有"未尽之责"等待我们去完成。如果说《独立宣言》初生自由之精神，那联邦军的壮举可看作自由的又一次"新生"。威尔斯认为，林肯的演说改变了历史，也重塑了这场内战的核心，他将这场战争看作《独立宣言》中道德价值的延展，也是对自由信仰的试炼。

在这儿，我要重申一次，议论常常以叙述的形式出现，因为所有重要的决定，严肃的辩论都遵循时间线索。真正发生的事永远比任何修辞手段来得重要；因为有重要的事发生，才会有演讲（写作）的需要；是这些真正发生的事，推动演讲与写作。事情发生了（或者该发生的没发生），话说出了口（或该说的没说），问题没解决，灾难发生了。正因如此，便有了回应的需要——一份行动计划，对状况新的理解，对普遍接受的公理发难。随后，通常会有前瞻——"又会发生些什么呢"——这样的改变、提议、选择能为我们带来些什么？（这里就是我们诉诸读者和听众的情感、希冀和预期的地方）我们未来的路该怎么走？如我所言，这听上去有些公式化，但是在伟大的演讲中，实在振聋发聩振奋人心，比如马丁·路德·金遇刺前那场"人生巅峰"的演讲。为什么呢？因为这样的演讲契合了人类的基本情感诉求。

## 逃不开对情节的需要

或许写到这儿，你会觉得我有所回避——我举的例子好像都不是《共同核心州立标准》要求的"议论文"，不是那种论点论据齐全，为大学及日后工作做准备的议论文。说理性的议论文并非叙述体，而是以逻辑为中心支持论点，这一点似乎不言而喻。无论是品牌公司的例子还是名人演讲，都无法否认这一事实。

我知道会有人指责我说，别沉浸在创意纪实性文本中做白日梦啦，你举的例子都太文学性啦，你根本不懂什么是"真实世界"的文章。好吧，我认罪。但是我还是坚定不渝地告诉你，有大把作品并广为人知的优秀作家，他们的作品多是非文学性的议论文，比如迈克尔·波兰、史蒂芬·约翰森、大卫·布鲁克斯、托马斯·弗莱德曼、芭芭拉·埃伦希莱、阿努拉·高文、杰佛里·图宾等。网上那些点击率甚高的TED[1]演讲，演讲人也会在其中穿插精心编织的故事。

但是，确实有一类文章只在小圈子里传阅，这样的文章叫作学术文章或研究报告，这类文章大概是个特例。或许在这类文章里，我们真的远离了故事岛，进入没有时间概念的纯逻辑中，只看论点与论据。

---

1 TED是美国一家私有的非营利机构，以组织TED演讲大会著称，其主旨为"值得传播的科技前沿思想"。——译者注

又或许并非如此。

再说一次：所有的议论都是遵循时间线索的。它们要对之前发生的事情，或是该领域的前期研究作出回应。在任何学术领域，都有一系列前人研究成果（如果没有"前人"，就没有这个领域）。总会有一个学术语境，学术交流总在发生，所以学术文章的作者总得在这样的语境中找准自己的位置——总不能凭空提出论点论据吧。文章议论的定位艰难又关键，以综述的形式出现。经验不足的学术文章作者常常在语境的构建上栽跟头；他们以为只要简单罗列出相关的文章就行了，就像完成家庭作业一般，这真是对学术文章致命的误解。

但若这部分处理得当，这一"引子"会成为一种探索询问，告诉读者这篇文章缘何而起，为何必要。综述前文，还有哪些未解之谜：解释相互矛盾，知识体系断层，有了新的批判角度，有了新的论据，新的工具生成全新数据。总而言之，就是有了新的麻烦。如果综述写得好，读者会感到作者的这篇文章写得正是时候，好像前人的研究一步步引导着作者写出自己的课题。该课题非常具有研究价值，若不继续研究下去，可能会错失某些关键成果。对于门外汉而言，即便是那些深谙写作之道的人，这样的文章也显得十分"学术"，但是内行一看，立刻热血沸腾。但是，若"引子"写得不好，作者的研究就会显得微不足道，轻重不分。文章的开头可是提供阅读能量与冲劲的关键。

我们拿一篇经典文献的开篇举个例子。这篇文章的作者是心理学家罗杰·布朗（Roger Brown）与詹姆士·库里克（James Kulik），他们研究的课题是"闪光灯记忆"，该文献被引用了不下 1 000 次。这篇研究探索了人类对某些重大事件"即时印刻"（比如世贸大厦倒塌），甚至会一直记得与事件有关的细节，比如听到楼塌的时候，你在哪儿——很显然，人类都具有这样的本领。这篇发表在《认知》（Cognition）杂志上的文章，是这样开篇的：

> 没有一个活着的人会忘记当他听到约翰·肯尼迪在达拉斯遇刺时在干什么。不光是记得约翰·肯尼迪被枪杀；我们当然还记得自己在干什么，我们不费吹灰之力就牢牢记得这件事，因为数不清的媒体会不断提醒我们。所以令人好奇的，并不是对总统遇刺这件事铭记于心，而是你居然记得自己听到这件事的时候在干什么。你当时在做什么并没有任何值得记忆的。（1977，73）

开头段的最后一句让文章立显张力——我们会详细记得听闻某些重大事件时，我们在做什么，即便保留这部分记忆其实并没什么实际用处。那我们为什么要让这部分信息占据我们有限的记忆存储空间呢？这篇研究文章一开始就以一种询问或探索的架势勾起了读者的好奇心，给之后的阅读注入活力。

学术议论文根植于特定的情境中，它的"形式"如伯克（1968）所言——"勾起你的欲望，满足你的欲望"。作者竭尽所能引起读者的好奇心，对研究的期待，甚至是怀疑。事实上，有些研究者认为文章"找准症结"的部分与"解决问题"同样重要。雅各布·盖特泽尔与米哈利·特米哈伊（1976）的书《创意性视角》（*The Creative Vision*）讲述了具有创造性的艺术家们的工作方式。这本书中描绘的思维模式可不仅仅是我们熟知的"解决问题"，"解决问题"的模式就是简单的陈述问题，然后解决问题。他们认为：

> 找出问题，即高效找出症结所在，是更高层次的创意性思维与表现，要比解决一个已知问题重要得多。（82）

阿尔伯特·爱因斯坦与利奥波德·因费尔德在对物理学界重大发现的调研中，提到过类似的观点："提出问题比解决问题更有必要，因为解决问题的能力说白了就是一种数学或实验技能。"（1938，95）当然，要把研究写成文章，自然需要演示、论点论据与分析，如果这些没做到位，文章就是失败的——但以上这些技巧本身根植于叙述的宏观结构中，根植于研究者在该领域提出的问题。撇开学术语言，这些文章也有情节、起伏，再一步步挪向最终结局。论点存在于历史之中，存在于时间之中。尽管学术语言或许"不近人情"，但若安排合理，即便是学术界也会被文章的结构、形式，或如我所言，文章的"情节"打动。

## 反话语

反话语的意思是，针对作者提出的每一个观点，提出反对意见。反话语是提出抗辩，甚至制造抗辩。不断提问："如果不是这样，又会如何呢？"格雷琴·贝尔纳贝将反话语称为"混蛋之言"。其他人说得优雅些，称为"请那个唱反调的人说两句"。

作为老师，我们可以应用反话语来训练学生们的批判性思维能力。我们可以说，"试想有人对你的说法做出……的评价，你会作何反应呢？"

　　学生得花点时间才能学会如何在文章中穿插各式各样的观点，但是练习"反话语"很有必要。我对学生说，"无论你行文至何处，无论你的观点如何，我都会提出不同的意见"。

　　你需要明白，如果你能考虑到那些与你持不同意见的人（千万不要对他们视而不见），那就是你走向智力与道德成熟的标志。

　　寻觅问题所在的过程，也可被称作"批判性思维"，这一点，当然人人推崇——但是对思维如何批判，却众说纷纭。批判需要一个对象。这个对象，我认为可以是，常规、常识、习惯、表面印象、真理、从未被质疑的事物、看似美好的事物、教条、传统、懒惰。我们将问题打开，挣脱思维的枷锁，寻找与之相悖的信息，寻找不同，寻找之前错失的可能性，然后提出不一样的方案——"如果不这么做，结果会怎样？"我认为，以上这些是批判性思维的核心价值。

　　伟大的法国散文家蒙田在书房的平顶梁上刻下了许多拉丁文——其中一条叫作iudicio alternante：转换判断或观点，这是保持心灵活力，不被束缚的关键。像肯尼斯·伯克建议的那样："当你来到罗马，就做做希腊人会做的事吧。"[1]（1968，119）

　　批判性思维要求我们在不同看法的冲突中游刃有余，指挥不同声音和立场同声合唱，这样一来，分析性写作中的情节和人物活动也就有了。如前文所言，也就有了要"挠"的"痒"。

### 我来评一评

　　好吧，我们诚实点儿吧——我们对自己过分喜爱叙述，过分依赖叙述，有些难为情。我们能感觉到这种依赖是一种纵容，是一种缺陷，是我们太过情绪化的表达。我们就对简单的途径乐此不疲，就像我们爱吃甜食与油炸食品。如果我们在心智上更为严谨（我们常常这么告诫自己），我们有纯理性、数据、逻辑论证、客观就够了。如果是这样，即便没有叙述，我们也能被文章说服。我们才不会那么絮絮叨叨，对情感诉求过分依赖。

---

1　这句谚语本为：来到罗马，就像罗马人那样做事。伯克的意思是，打破常规，别按罗马人的方式行事。——译者注

但是，以上这些，人类都做不到。威廉姆·巴特勒·叶芝（1993）在他一首诗的结尾处，描述了他诗作风格的转变，他早期的作品主题宏大，充满神话意味，而后期的作品则更平易近人：

> 但现在我的梯子移开了
> 而我必须躺在所有梯子开始的地方
> 在内心那肮脏，破败的杂货铺里。

然而，只有在那"内心肮脏，破败的杂货铺"中，读者才能真正被感动，被说服。如果我们要让学生为迎接真实世界做好准备，而不是那个我们捏造出的世界，我们得让他们明白这个秘密。

你想不到的
地方，
也有故事
出没

# 第八章
# 数字也会讲故事

现在，所有的符号就在那儿，等着他破解；他看着一串新的数字出现在黑板上，他能清晰地读出数字背后的含义。再一次，在满屋的人群中，他又第一个嗅到了失败的气息——只是这次，不再是失败的可能，而是失败的事实。

——埃德温·欧康纳《最后的欢呼》

叙述与数学，或者与数字信息之间的关系，并非一目了然。二者看上去完全是两套不同的符号系统，一种是语言系统，一种是数字系统。然而早在公元前1600年的古埃及时代，人们就通过故事来学习数学了。莱因德纸草书中的问题（79）是这么写的：

> 有七座房子；每座房子里有七只猫；每只猫能杀死七只耗子；每只耗子吃掉七颗大麦；每颗麦种本可产出七海克特（古埃及计量单位）的粮食。文中提到的所有数量总和是多少？（数学卷，埃及及印度）

我们都还记得火车相遇问题吧，每列火车以不同的速度冲向对方——《辛普森一家》[1]（1994）中有一集讨论的就是这个问题。巴特[2]在做能力测试的时候，这个经典的火车相遇问题在他脑中挥之不去。能力测试中一道相当复杂的两车相遇问题，让巴特烦躁不堪，啃咬铅笔。巴特的老师克拉巴佩尔让他"视觉化"这道题目，本意是让巴特想象火车相遇的画面帮助他解题，结果巴特没"视化"问题，脑中倒是出现了自己被数字包围的画面，他被上下列车的乘客踩来踩去——直到他被臆想中的列车长从梦中叫醒。

毫无疑问，火车相遇这类问题在数学题中被过度使用了——即便是在我

---

1 美国一部仍在更新的经典动画。——译者注
2 辛普森家的儿子。——译者注

那个年代也没那么多火车，即使有，旅客也不会过分纠缠火车是否相遇，除非两列火车在同一条轨道上相遇。但是，这一问题的出现，意在将数学问题融入现实生活的情境中，好让它看上去没那么抽象。这是我们依赖叙述理解数量信息的方式之一。

不仅"问题"能以故事的形式出现，数学推理的过程也有自己的故事轴。还记得我之前引用过伯克那句"文学形式就是勾起你的欲望，满足你的欲望"（1968，124）吗？我们可以拿这句话与下面这句做个对比。英国数学教育家里昂·波顿解释了在数学推理过程中，"意义"是如何被求证的。她将人类的认知活动比喻成"退潮与涌流"，这一过程分为三个阶段：进入、进击和回顾。

> 当我们开始求证意义的时候，使命感油然而生。这个阶段的全心投入称为"进入"。这一阶段中的惊讶、好奇或其中的张力让人着迷，于是我们便有了情感上的诉求。要想满足这一诉求，我们必须进一步探索，而这种探索反过来又满足了我们认知的需求，我们想要知道这个问题深层次的原理是怎样的……有两种处理冲突的方式。一种是进一步深入，对冲突的成因发起进攻。另一种是带着失败和无能的屈辱撤退。只有那些之前尝过成功进击滋味的人，才可能从"进入"阶段过渡至"进击"，因为他们有信心面对失败的可能。（1984，41）

这一过程，需要调控多种因素（图表、方程、图像），以此帮助学习者获得满意的解决方案，即一种能够将"压力转换为成就、好奇、愉悦或是不断推动研究深入的惊异"的"原理模式或连通性"。（41）里昂认为，尽管这一过程中存在一些特别针对数学的调控技巧，但这一过程本身并不只局限于数学推理；她口中的"过程"应该与我在这本书中反复提及，并试图定义的"情节"有异曲同工之妙。

## 数学推理的过程

里昂给了我们一个具体的例子，通过这个例子我们能更好地感知这一过程。我当然知道某些读者选择读写教育专业，就是为了躲过数学，那我们就权当放松，一步步慢慢来好了。

仓储超市的优惠活动，买东西可以打8折，但是我得付15%的营业税。

是先算折扣划算，还是先算营业税划算呢？（波顿2004，42）

首先，这个问题在购物时看似挺实用的。我的第一直觉告诉我，先算谁后算谁有区别，但是到底哪个划算呢？我能想到最简单的办法，就是假设我买100美元的东西，然后分别算出两种方案的最后结算价。如果先算营业税，那就是：

第一步：$\$100 \times 1.15 = \$115$

（我这里乘以1.15因为省略了加上15%的税这一步骤）

第二步：$\$115 \times 0.8 = \$92$

如果反过来先算折扣，那就是：

第一步：$\$100 \times 0.8 = \$80$

第二步：$\$80 \times 1.15 = \$92$

挺惊讶的吧，没有区别。于是我想，我能不能用一些数学符号来解释这个结果呢？假设我们用a作为购买商品的任意价格，会怎么样呢？记得要先算括号里的哦：

$0.8（a \times 1.15）$ 与 $1.15（a \times 0.8）$ 相等吗？

$0.8 \times 1.15a = 1.15 \times 0.8a$

$0.92a = 0.92a$

好吧，我承认有点笨，但是这进一步证明了：不管先算折扣还是先算税收，二者并无区别；任意价格a都适用。但是这是不是特例呢？

如果我们改变折扣与税收的百分比呢？我们试试折扣8折，税改成美国最常见的5%，还是买了100美元的东西：

先算税：$0.8（100 \times 1.05）= 0.8 \times 105 = 84$

先算折扣：$1.05（100 \times 0.8）= 1.05 \times 80 = 84$

先乘谁没有任何区别；用数学的语言来说，这就是"排列组合"，顺序对结果不产生影响。在上述例子中没有影响，在任何相同情境下都没有影响，无论花销、折扣率、税率怎么变化，结果都一样。这一过程，就是波顿口中的找寻规律带来的乐趣。

## 摆弄数字的杰克·王尔德，以及其他一些故事

代数对学生而言，就是一系列的数字和符号——许多学生都被这门课吓破了胆，觉得代数太过抽象。我们夏季项目的一位老师叫杰克·王尔德，他认为学生在学习代数时，需要一个情境，甚至需要代入隐喻，才能事半功倍。他和5年级学生一同玩"数字机器"游戏时，就给学生提供了这样的情境。具体是这么操作的：

他对学生说："我是一台数字机器。你给我一个数字，我通过一步运算就能改变它——乘法、加法、除法。你要做的，就是算出我到底用了什么方法改变了这个数字。想玩儿多久都听你们的，直到你们想明白为止。这儿有个口袋，我们叫它口袋a。把你的数字放进去吧。"

然后他会选一个数字——比如2，他会说，"8"。你看，现在有两种可能性：一种是他加了6，一种是乘了4。他又取了另一个数字，这次是6，然后喊出了12。现在答案很清楚了，他用手上的数字加了6：b（数字机器变出的数字）= a + 6。

带着学生玩几次后，他又告诉学生数字机器这次要对放入口袋的数字a进行两次运算，比如先乘后加（为了让问题不过于复杂，所有的数字都是大于零的正整数）。他拿出一个数字，6，然后得出34。这样一来有许多可能性（乘以6再减去2；乘以4再加上10）。

他又拿出一个数字，10，然后机器给出42。通过这一组数字，我们明白了所乘的数字肯定小于5（因为10乘以5都50了）。这么一来就只有四种选择了，要把可能性都写一遍也不难，先来一个：

1——不成：$1 \times 6 + 28 = 34$，但是 $1 \times 10 + 32 = 42$。

两个运算步骤不同。

2——成了：$2 \times 6 = 12$，$12 + 22 = 34$；$2 \times 10 + 22 = 42$。

所以我们得出了这次"数字机器"的运算法则：$b = 2a + 22$。我相信杰克班上的5年级学生解得比我快多了——我从来不觉得自己比5年级学生聪明。用引导性的方式学习代数，这种方式建立在"数字机器"的比喻之上。

"数字机器"的例子告诉我们，学生更容易掌握融入在游戏之中的数学，而游戏也是另一种形式的故事。游戏里有规则、挑战、悬念以及解决方案。

下面我们再举个2年级绘图与测量的例子，同样是以游戏式故事的方式教学。

有一年下大雪，我们地区一位2年级老师发现《波士顿环球报》登了一张测量积雪的图表，图表中积雪厚度旁配的是罗伯特·帕里什的图片，波士顿凯尔人队约2.13米高的中锋。帕里什，这位NBA传奇人物身高约2.13米，可是在高达2.27米的积雪面前，一点儿看不出巨人风采。

这位老师灵光一闪，立刻让她的学生给学校的体育老师查克·戈贝尔（学校为数不多的男老师之一）画了人体轮廓，让学生从头到脚测量了这位体育老师的身高，然后班里每个学生都可以猜猜教室外的积雪到查克老师身体的哪个部分了。因为有了《波士顿环球报》的帕里什图表，每次降雪的时候，学生都会兴高采烈比画积雪到帕里什哪儿了。测量不仅变得具体了，而且还挺戏剧化的。

### 计分表中的故事——人生第一组数据集

如果要评出一项涵盖各行各业的基本"生存技能"，如何解译数据集绝对榜上有名。拿我任职的地区教育委员会来说吧，我们淹没在各种分析表中，我们得对这些数字作出合理的解释，得分清哪些数据是无意义的，哪些是某种趋势的信号。如果你对数字感觉敏锐，那你一定在工作中占有绝对优势。数据集也是新改革的SAT考试一大特色（勒温，2013，16）。我们如何将数字转化成有意义的规则呢？它们又是如何说故事的呢？这些数字如何邀请我们猜测成因，预判未知行为呢？

对我和我儿子而言，对数字的热爱要从棒球说起。我们特别喜欢研究每场比赛的计分表，因为查看计分表能帮我们回忆起整场比赛，这一习惯让我儿子直至今日仍钟情于数字。事实上，我认为（先声明一下，我可没什么证据啊）男生在数学中的优势大概来自幼年对体育比赛分数统计的痴迷，特别是棒球。我们甚至在连小数点是什么都不知道的情况下，就已经懂得看比赛计分，懂得看平均打击率了。

我想起2013年赛季（冠军赛季）波士顿红袜队在中点赛败给了巴尔的摩金莺队。如果你看计分看得仔细，便会明白其中大有文章。首先看得分，2—0，得分少得不同寻常。所以，你看明白没？一条信息跳出来啦。红袜整场只击出三次臭球，首发阵容一球都没击中（击球手3、4、5）。我们还能看出红袜的投球手做的都是无用功，赖安·代普斯特撑到第8局（现在很少再打到第8局了），只贡献了2分以及6次击球。

另一组数据也很有意思，那就是巴尔的摩队得分球员的表现（也就是二垒、三垒），从这一数据中，我们也能感受到代普斯特的投球技术。12打数中只有一次安打，简直惨不忍睹，这一比分表明代普斯特在困境中经常牵制出局（多亏了他5次保送），而巴尔的摩的击球手在本可以得分的情况下却失手了。红袜队在关键点的表现好了些——1—7，关键一击并不足以得分，可能是伊格莱西斯的击球与二垒的卡普配合不够。对我挚爱的红袜队来说，那真是个难熬的夜晚，与巴尔的摩队战况胶着。你看，这就是用数字讲故事，体育迷爱死这样的故事了。

我们仔细想想读取数据集所用到的技巧，其实与任一形式的阅读技巧都差不多。"先验知识"是建立常识或未知期待的关键。当常识被打破，我们会突然对身处的异境充满警觉。我们立刻知道，有意思的事儿来了。

同样的，就红袜队计分表而言，任何对棒球知识了如指掌的人都明白，一支球队通常一场比赛会有九击，所以三击意味着比赛出现了偏差，这是个很值得研究的反常现象。它具有"惊喜值"。这种打破常规的比赛结果导致我们球迷刨根问底，然后反应过来首发阵容一上来就失误了，那我们就得再问一句：首发阵容的核心球员是经过挑选的吗？应该重组吗？或者，只是这场比赛失误了？这一切都需要研究更多的数据集。这种阅读是主动的、循环往复的批判性阅读，约翰·杜威称之为"智慧情报"。

在数据集中读出惊喜信息也令人相当愉悦——这种愉悦来自对常识的挑战，来自对广为人知叙述角度的打破。我们人类总体有一种趋势，这种趋势被丹尼尔·卡内曼称作"近水楼台效应"：也就是说，什么信息在我们手边，我们就会先拿来用，不仅如此，还会对这一信息进行概括总结。康涅狄格州的纽顿校园枪击案制造了一种鲜明的印象，学校的安全岌岌可危。许多校区，包括我所在的校区立刻花了大价钱，在校门口装了全新的摄像头，强化了安保措施。

然而事实情况是，过去十五年间校园安全值明显提升，数据显示2009年校园暴力只有1999年的60%——这其实是个正面的新闻故事。其他数据表明，学生离家去学校，学校一般来说才是那个更为安全的场所（见表8.1）。电动游戏中暴力元素过多一直被人们诟病，人们也常说电动游戏的暴力因素就是男孩子越发暴力的原因，然而，真实情况是同期青少年暴力事件呈下降趋势。

表8.1　学校犯罪与安全指数，2011（罗博斯，张，楚门，2012）

| 学生特点 | 6个月之内12—18岁学生学校犯罪受害者报告/根据犯罪类型以及学生特点划分：1999，2005，2009 | | | | | | | | | | | |
| --- | --- | --- | --- | --- | --- | --- | --- | --- | --- | --- | --- | --- |
| | 1999 | | | | 2005 | | | | 2009 | | | |
| | 总数 | 偷窃 | 暴力 | 严重暴力 | 总数 | 偷窃 | 暴力 | 严重暴力 | 总数 | 偷窃 | 暴力 | 严重暴力 |
| 总数 | 7.6 | 5.7 | 2.3 | 0.5 | 4.3 | 3.1 | 1.2 | 0.3 | 3.9 | 2.8 | 1.4 | 0.3 |
| 性别 | | | | | | | | | | | | |
| 男 | 7.8 | 5.7 | 2.5 | 0.6 | 4.6 | 3.1 | 1.6 | 0.3 | 4.6 | 3.4 | 1.6 | 0.6 |
| 女 | 7.3 | 5.7 | 2.0 | 0.5 | 3.9 | 3.2 | 0.8 | 0.3 | 3.2 | 2.1 | 1.1 | |

再举个例子。大众"知晓"我们的学校系统日益崩坏，处于危机之中，但据国家教育发展测评委员会的数据显示，学生的阅读分数在过去的十年呈上升趋势。这印证了卡内曼的另一个观点——如果不断重复某一论调，比如美国教育的"危机"，大众就会接受这一论调，并认为这就是事实。但是，数据能刺破迷思，并给出另一种叙述版本，即反叙述——像史蒂文·莱维特和史蒂芬·杜伯纳（2005）这样的作者，甚至还借着反叙述出了名，两人合著的《魔鬼经济学》（Freakonomics）就是反叙述的典型例子。

那下面这组数据集，我们就试试用魔鬼经济学分析分析吧。这组数据是前几年我为婴儿潮写百科大全时咨询来的。婴儿潮的故事大家都很熟悉：战争期间婴儿出生率很低，因为男人们都被派去打仗了。所以当男人们从战场归来组建家庭，婴儿出生率开始暴涨；事实上，这就是我自己的故事，我出生在婴儿潮快结束的时代。

但是，数字向我们讲述了一个不一样的故事。

婴儿出生率（以及结婚率）在大萧条时期暴跌，这说明出生率与当时经济不景气息息相关，但是尽管失业率仍居高不下，战争年代的婴儿出生率呈上升状。1945年，失业率达到峰值，美国人口的出生率为20.4/1 000人，而1935年当美国军队规模还未壮大，当时的出生率为18.7/1 000人（见表8.2）。

所以，真的有"婴儿潮"这一说吗？确实，1955年婴儿出生率高达25.0/1 000人。更准确些说，逐年数据显示1947年（我出生前一年）的出生率都快到26/1 000人了——这导致我们小镇又修建了两所小学。但到了1975年，出生率却大幅跳水：14.8/1 000人，只有战争年代的72%。甚至1965年，离婴儿出生率峰值仅过去十年，出生率居然比"二战"最后一年还低。人口普查的其他数据显示，2002年出生率跌至13.9/1 000人。

表8.2　美国出生率，1910—1979（美国人口统计局，1980）

| 年份 | 数量（1 000） | | | | | 每1 000人 | | | | |
|------|------|------|------|------|------|------|------|------|------|------|
| | 出生 | 死 亡 | | 结婚 | 离婚 | 出生 | 死 亡 | | 结婚 | 离婚 |
| | | 总数 | 婴儿 | | | | 总数 | 婴儿 | | |
| 1910 | 2 777 | 697 | 无 | 948 | 83 | 30.1 | 14.7 | 无 | 10.3 | 0.9 |
| 1915 | 2 965 | 816 | 78 | 1 008 | 104 | 29.5 | 13.2 | 99.9 | 10.0 | 1.0 |
| 1920 | 2 950 | 1 118 | 130 | 1 274 | 171 | 27.7 | 13.0 | 85.8 | 12.0 | 1.6 |
| 1925 | 2 909 | 1 192 | 135 | 1 188 | 176 | 25.1 | 11.7 | 71.7 | 10.3 | 1.5 |
| 1930 | 2 618 | 1 327 | 142 | 1 127 | 196 | 21.3 | 11.3 | 64.6 | 9.2 | 1.6 |
| 1935 | 2 377 | 1 393 | 120 | 1 327 | 218 | 18.7 | 10.9 | 55.7 | 10.4 | 1.7 |
| 1940 | 2 559 | 1 417 | 111 | 1 596 | 264 | 19.4 | 10.8 | 47.0 | 12.1 | 2.0 |
| 1945 | 2 858 | 1 402 | 105 | 1 613 | 485 | 20.4 | 10.6 | 38.3 | 12.2 | 3.5 |
| 1950 | 3 632 | 1 452 | 104 | 1 667 | 385 | 24.1 | 9.6 | 29.2 | 11.1 | 2.6 |
| 1955 | 4 097 | 1 529 | 107 | 1 531 | 377 | 25.0 | 9.3 | 26.4 | 9.3 | 2.3 |
| 1960 | 4 258 | 1 712 | 111 | 1 523 | 393 | 23.7 | 9.5 | 26.0 | 8.5 | 2.2 |
| 1962 | 4 167 | 1 757 | 105 | 1 577 | 413 | 22.4 | 9.5 | 25.3 | 8.5 | 2.2 |
| 1963 | 4 098 | 1 814 | 103 | 1 654 | 428 | 21.7 | 9.6 | 25.2 | 8.8 | 2.3 |
| 1964 | 4 027 | 1 798 | 100 | 1 725 | 450 | 21.0 | 9.4 | 24.8 | 9.0 | 2.4 |
| 1965 | 3 760 | 1 828 | 93 | 1 800 | 479 | 19.4 | 9.4 | 24.7 | 9.3 | 2.5 |
| 1966 | 3 606 | 1 863 | 86 | 1 857 | 499 | 18.4 | 9.5 | 23.7 | 9.5 | 2.5 |
| 1967 | 3 521 | 1 851 | 79 | 1 927 | 523 | 17.8 | 9.4 | 22.4 | 9.7 | 2.6 |
| 1968 | 3 502 | 1 930 | 76 | 2 069 | 584 | 17.5 | 9.7 | 21.8 | 10.4 | 2.9 |
| 1969 | 3 600 | 1 922 | 75 | 2 145 | 639 | 17.8 | 9.5 | 20.7 | 10.6 | 3.2 |
| 1970 | 3 731 | 1 921 | 75 | 2 159 | 708 | 18.4 | 9.5 | 20.0 | 10.6 | 3.5 |
| 1971 | 3 556 | 1 928 | 68 | 2 190 | 773 | 17.2 | 9.3 | 19.1 | 10.6 | 3.7 |
| 1972 | 3 258 | 1 964 | 60 | 2 282 | 845 | 15.6 | 9.4 | 18.5 | 11.0 | 4.1 |
| 1973 | 3 137 | 1 973 | 56 | 2 284 | 915 | 14.9 | 9.4 | 17.7 | 10.9 | 4.4 |
| 1974 | 3 160 | 1 934 | 53 | 2 230 | 977 | 14.9 | 9.2 | 16.7 | 10.5 | 4.6 |
| 1975 | 3 144 | 1 893 | 51 | 2 153 | 1 036 | 14.8 | 8.8 | 16.1 | 10.1 | 4.9 |
| 1976 | 3 168 | 1 909 | 48 | 2 155 | 1 083 | 14.8 | 8.9 | 15.2 | 10.0 | 5.0 |
| 1977 | 3 327 | 1 900 | 47 | 2 178 | 1 091 | 15.4 | 8.8 | 14.1 | 10.1 | 5.0 |
| 1978 | 3 333 | 1 928 | 46 | 2 282 | 1 130 | 15.3 | 8.8 | 13.8 | 10.5 | 5.2 |
| 1979，大概数字 | 3 473 | 1 906 | 45 | 2 359 | 1 170 | 15.8 | 8.7 | 13.0 | 10.7 | 5.3 |

那么，结论是什么呢？战后，确实"涨潮"了。但是之后，婴儿出生率稳步下滑。于是，我们能总结出两条人口膨胀简称"婴儿潮"的真正原因——没错，战后出生率确实上升了，但是许多婴儿都是在战争年代出生的，比我想得还多。峰值之后，出生率跳水同样迅速，因为生于婴儿潮的人倾向于少生孩子。因此，有了"婴儿落潮期"。

要是我们对人口普查数据进一步研究，看看不同种族出生率的变化，就能发现更深层出生率变化的规律。战后，白人占人口主体；1960年他们占18—64岁人口的87%，所以25.0/1 000人的出生率峰值大部分指的是白人家庭。但到2008年，白人家庭的人口出生率下降为11.3/1 000人，只有1955年美国出生率的45%。反之，西班牙裔人口的出生率2008年高达22.2/1 000人（与20世纪50年代婴儿潮数据颇为接近）。这些数据都可以做成如8.3那样的图（现在图表也能给你讲故事啦），图8.1清楚展示了美国人口的主要转变，至2050年美国中青年（可工作人群）中，白人会在人口数量上成为少数裔。根据这些数据，放眼未来，我们可以预判美国社会的政治文化将会发生重大改变。

一些共和党人士已经明确，妖魔化移民没有好结果。总体而言，推崇白人至上的选举策略终将失败。

以"白人"为主的州，政治力量会相对弱化，而那些西班牙裔、亚裔

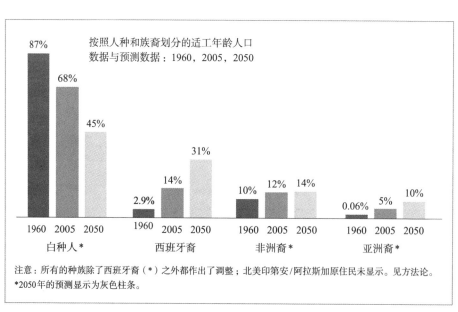

**图8.1　按照人种和族裔划分的适工年龄人口**

人口不断增长的州，比如得克萨斯、亚利桑那、加利福尼亚的政治力量则会崛起——这一事实，已然发生。

我们学生这一辈，有生之年能看到一位西班牙裔总统上台。

美国学生会被要求学习更多西班牙文化、文学、历史。也就是，英文课不会再有美国/英文文学部分。《百年孤独》会成为核心课程的一部分。

会说西班牙语，将成为求职的关键，甚至是必备技能。

总结一下，这些数据集讲述了我们国家的故事，尤其当我们具体讨论到时代、种族、出生率时，数据给出的故事更为精彩。

## 数量信息视觉化

数据集经常可以转化为曲线图与图表，二者都能表现出数量信息。视觉信息教父级人物——爱德华·图福特（Edward Tufte）著有多本视觉信息类的书籍，比如那本文笔优雅、具有开创意义的《数量信息视觉化》（*The Visual Display of Quantitative Information*，2001）。图福特之后出版的书都既艺术又有效地展现了信息的价值，比如《视觉证据》（*Beautiful Evidence*，2006）、《视觉解析》（*Visual Explanations*，1997），以及《展望信息》（*Envisioning Information*，1990）。图福特一次次提及查尔斯·米纳德绘注的拿破仑1812年入侵俄国图。图福特认为，这幅图"可能是有史以来最棒的统计图表"（2001，40）。这张图有六个变量：军队的规模、它在二维表面的位置（经度纬度）、军队前进的方向、温度以及日期（见图8.2）。优秀的图，

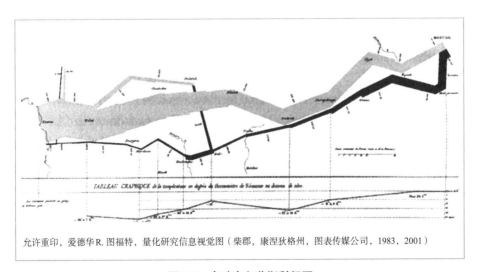

允许重印，爱德华R.图福特，量化研究信息视觉图（柴郡，康涅狄格州，图表传媒公司，1983，2001）

**图8.2　拿破仑向莫斯科行军**

比如图8.4这样的，总是信息丰富，含有多重数据集，邀请读者仔细审视其中的关系与因果——在米纳德的图中，我们能够想象出当军队从波兰撤退时极寒的天气状况夺走了多少兵将的生命，当时温度降至零下三十摄氏度（零下二十二华氏摄氏度）。

图8.3也符合图福特对图表的期待（虽然他可能会挑剔提供重要信息的浅色点）。这张图表的时间轴横跨57年，展现了英国吸烟群体与总人口的百分比，肺癌发病率，以及性别因素——图中的四种变量之间的关系信息含量巨大。

我们能从图表中看出战后吸烟群体的性别差异（点连起的线），从1948年的25%降至2005年的3%。我们也能看出无论男女，吸烟比例都下降了，这一下降趋势以1969年为界。男性吸烟率下降，肺癌发病率也随之下降，从116/100 000降至60/100 000。

然而奇怪的是，女性肺癌发病率却上升了，这让人不禁要问，是不是因为女性平均吸烟人数上升，所以即便百分比下降，烟草使用量却上升了？——这一疑问不久后得到了证实（见表8.3）。

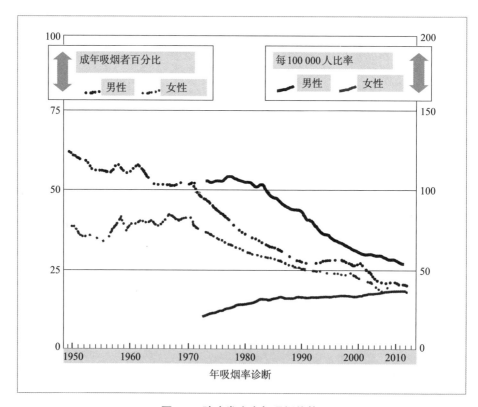

**图8.3 肺癌发生率与吸烟趋势**

表8.3　每位吸烟者每日消耗的香烟数

|  | 1949 | 1959 | 1969 | 1979 | 1999 | 2000 | 2010 | 2011 | 2012 |
|---|---|---|---|---|---|---|---|---|---|
| 男 | 14.1 | 18.4 | 18.9 | 21.6 | 16.8 | 15 | 14 | 13 | 12 |
| 女 | 6.8 | 11.0 | 13.7 | 16.6 | 13.9 | 13 | 12 | 12 | 11 |

　　1969年，女性吸烟者消耗的烟草数量是1949年的两倍，这很有可能是导致20世纪70年代至90年代女性肺癌发病率上升的原因。而女性烟草需求的上升又与同时期一条特别的广告语——以及它所推销的产品有关——目标人群为女性，其中最著名的就是维珍妮牌女士细烟（广告词："宝贝，你经历了难熬的一天，对吗？"）。这些图表共同讲述了文化变迁以及医学历史的故事。

　　对有些人来说，这些图表、表格或许像是老古董，因为现代科技与电子技术能给我们提供更为复杂、互动良好的信息媒介（尽管如此，我还是建议教学生如何读懂图表）。当然，现代信息媒介的优势是巨大的，相当夺人眼球。比如一个叫作"教育经验"的组织在网上制作了一张美国人口寿命地图，每一个郡县都在上面。令人惊奇的是，这张图的分界线如同南北战争时期的美国，南部各州人口寿命明显偏低，尤其是男性寿命。

　　我随机点开了一个密西西比州郊区的郡县——阿塔拉县，那里男性平均寿命只有68.7岁，只比我现在大个三岁而已。这勾起了我的好奇心，所以我就点开了我所在郡县——新罕布什尔的士多弗县的人口寿命，76.9岁，比阿塔拉县高了8.3岁。我猜加州旧金山富人区的人口应该最为长寿（寿命与财富成正比），我点开一看果然如此，该地区的马林县人口平均寿命81.6岁——比密西西比州的阿塔拉县整整高了13岁。

　　只需轻点一下鼠标，从男性到女性，地图的颜色发生了显著的变化，但是"南北战争"的界限差异依旧明显。就男女寿命值来看，全美只有少数几个县的男性平均寿命超过80岁，而女性则基本超过了80岁。那么，要是我只算阿塔拉—士多弗—马林的女性寿命对比呢？如下：

　　　　阿塔拉，密西西比——77.1

　　　　士多弗，新罕布什尔——81.4

　　　　马林，加利福尼亚——85.1

　　　　（健康度量测评研究所，2009a）

看上去不错，但是倒也在意料之中。如图福特所言，这种数据集会让人忍不住发问：密西西比郊区的男人们到底过的是种怎样的生活，导致他们那么短命？饮食？暴力？疾病？肥胖？该郡县的种族分布与人口寿命有关吗？此外，为什么男性比女性更易受到影响呢？

后来我发现，密西西比州的肥胖率排全美第二（路易斯安那州排第一），所以该地区的人口寿命可能与这一原因有关（超重、肥胖）（健康度量测评研究所，2009b）。同样的，密西西比州郊区的一些郡县中，男性糖尿病发病率高达20%，而旧金山地区富裕城郊糖尿病的发病率只有7%（糖尿病流行率调查）。因此，我们可以推测密西西比地区的男性的寿命或许受到慢性糖尿病的影响。

凯文·奎里与格拉姆·罗伯茨（2012）在《纽约时报》以小视频的形式做了演说，再次向世人展现了媒介与数据结合的奇妙效果。他俩设计了一款虚拟赛跑，参赛者是所有奥运会百米冲刺奖牌得主，从1896年雅典现代奥运会第一任冠军，12秒的托马斯·博克，到2008年、2012年的冠军"牙买加闪电"尤塞恩·博尔特，他最好的纪录为9.69秒（这么一比，博克应该被博尔特甩在身后约18米）。

回首历届奥运会，我们一览各个时代的速跑健将们——卡尔·刘易斯、吉姆·海恩斯、杰西·欧文斯。美国代表队在这项比赛中的优势清晰可见，劲敌为英国代表队，近期牙买加代表队也人才辈出。奎里与罗伯茨还将美国目前青少年百米冲刺赛冠军的纪录与历届奥运会纪录重合比较；比较结果显示，目前成绩最好的15—16岁运动员大概能获得1980年奥运会的铜牌。我呢，大概算不上什么速跑健将，不过我高中时百米冲刺的成绩放在第一届奥运会中，还是有点看头的。

而在演示的最后30秒，一个令人惊叹的转折出现了。他俩给了观众一个广角镜头，将100名运动员一字排列，虚拟的扫描仪扫过这些运动员，得出的结论是——从1896年第一届奥运会至2012年奥运会，这116年的人类百米冲刺历史中，人类实际提高的速度为3.3秒。如果有今天的优越条件（营养、运动装备、测速技术），过去的运动员都能越过这3.3秒的极限，我估计着，我也能。奎里与罗伯茨设计的这一视频时长不到三分钟，却包含了大量信息，形象地描绘了百米跑的历史。

## 当信息成为艺术

本书中，我一直试图解释将艺术与信息一分为二的行为，本身就大错特错。因为，信息通过艺术加工，才会以最有效的方式被我们理解吸收。有些时候，我们用的术语太多，甚至自己都会被绕糊涂走进死胡同。当人类越来越有能力以视觉手段展现数据、艺术与信息，理解力与感官享受也就同时出现了。最好的例子，就是费南德·B·维艾加思与马丁·瓦滕伯格的创意，这两人是谷歌的信息专家。他俩的主要任务，就是优化视觉设计，让用户以有血有肉的方式体验数据："我们的工作就是让用户体会'发现的乐趣'，就是那种，从飞机上俯瞰城市时过电的快感，得知秘密时的窃喜，或是欣赏你的爱人宽衣解带时的兴奋。"（信息来自其网站 hint.fm，具体出版日期不详。）

他俩最为出名的设计"风图"（见图8.4），着实让人欲罢不能。用户一眼便能看见全美所有的风流——方向、位置、风速、风的流线图与走向，变幻莫测，好像一座座城市在呼吸。你会看见丹佛附近风起云涌，你一下子就明白了为什么每次坐飞机去丹佛都好像一次历险。你能看见中部草原州[1]上空的上升气流，也能看见东北部热浪中平静如水的气流。你可以点击一下鼠标，把图像放大，就能看见卷起的风缓慢顺时针从芝加哥，往南移动至印第安纳波利斯，在堪萨斯城附近逗留会儿，又卷了回去——或是看见拂过得

图8.4　谷歌风向图

1　即美国伊利诺伊州。——译者注

克萨斯州由东至西稳定的风流（速度稳定保持在一小时11千米）。一股股风分叉，又合股，在落基山上空盘旋。风流看起来就像是身体中的循环系统，它也是有生命的。风图有让人目不转睛的能力；当数据变身为视觉图形，当数字变身为故事甚至艺术的时候，我们才能真正体会到那种"发现的乐趣"。

作为表现型直观图的拥护者，我们利用色彩的冲击力与复杂性展现了风流既夺人眼球又非直觉可判断的规律。在考虑信息深度的同时，我们也考虑到了信息的明晰与互动性。我们致力于设计一款用户理解度良好的直观图，既能给用户提供权威信息，又能让他们与直观图中深层次的数据展开对话。我们期待，在这样的对话中，发现的花火能够点亮用户双眼。（信息来自其网站hint.fm，具体出版日期不详。）

## 我来评一评

著名数学教育家丹·迈耶（Dan Meyer）在TED演讲中曾悲哀地说：

请想象一件你挚爱的东西——一部电影、一张专辑、一首歌或一本书——然后你把这件东西全心全意地推荐给一个你喜欢的人。你满怀期待他/她的反应——然而，等来的反应却是对方的厌恶。这就是我过去六年每天经历的感受。我教高中数学。我在向市场兜售一件它并不想要的商品，但是法律规定我的顾客必须购买。实在失败。（2010）

学生对数学的疏离各个中学都在上演，更让人担心的是，高中的理科课程几乎都要用到数学。我猜想，学生不喜欢数学的一个主要原因，大概是觉得数学作为一项工具，离他们真实的生活太远——学校里教的数学与实际生活完全脱节。我自己对高中数学的记忆，就是千篇一律的习题集，注意力稍不集中，就会导致错误的验算结果。高中数学题需要学生吭哧吭哧将已知信息代入公式中（迈耶问道，"有多少真实生活情境真的需要千辛万苦提取我们需要的信息呢？"）。对我来说，高中数学带给我的亮色是怎么算概率，我当时一学就会，因为我马上联想到这下我打赌技术肯定提升了，我会算概率了呀。

再一次，棒球拯救了我的数学。为了让生活更有情趣，我爸会常常和我们打些听起来愚蠢的赌。比如，我们在看克利夫兰印第安人球队与纽约扬基队的比赛，我爸会说，"咱赌25美分穆斯·司科龙会击出全垒打"。我一听，欣然接受打赌，因为我心里有数，我赢的概率（差不多35—1）要大得多。

迈耶与其他数学学科的改革者呼吁，高中数学应该采用更为耐心、更为有条理的探索教学模式，应该建立在学生实际生活经验之上，提出的问题能促使学生进行数学推理论证。迈耶说，许多学生学习数学的态度都是"教我公式就行"，作为数学老师他拒绝这种态度，他鼓励学生"别轻易下结论"，多提问，多发现问题，然后寻求解决的工具与信息。

除此之外，我们还需要好奇，需要敬畏。数学教育家（小说家）马尼尔·苏力认为，人们在生活中常常忘却数学，比如多边形与圆形之间的联系：

> 凝视一系列多边形：六边形、八边形、十边形，等等。我脑中出现的画面就是，瑜伽老师让学生凝神冥想，若多边形的边无限增长，结果会怎么样呢？最终，多边形的边会变得越来越短，每条边之间的节点越来越平缓，周长开始呈曲线形。然后，你就会发现：圆形缓缓出现了，但是多边形却永远不会成为一个真正的圆形。你知道这种冥想会给我们的身体带来怎样的惊喜吗——它触碰了你大脑中的愉悦开关。（2013）

数学是戏剧，是故事，是有限与无限之间的张力。

或许将之称为叙述思维有些牵强了，其实真实生活中遇到的问题，都有叙述的影子；而我们正是通过规划、进入、张力、解决方案——情节——一步步解构问题，完成转化。杜威认为思考这一行为，因为自带叙述弧，是可以变得有艺术感、有美感的："'经历'本身具备良好的情感属性，通过有序步骤，人们便能通透一件事的内部结构，从而获得成功。"（1934，38）

当这一过程得当顺利时，我们会夸赞说这一过程"优美得体"，懂得处理这一过程的人有一颗"美丽的"心灵。

# 第九章
## 空间、严苛及时间
## 或者，隐喻真的很关键

*心灵并非等待填充的容器，而是等待被点燃的木材。*

*——普鲁塔克《倾听演讲》*

　　我手里拿着2013年9月11日出版的《一周教育》杂志，这期杂志的封面广告是课程协会推荐的一款叫作"准备妥了"的产品。广告里的客户感言说，"准备妥了"这款产品提供了一系列与《共同核心州立标准》匹配的课程，这些课程将会让老师成为"百万学生爱戴的神级教师"，用了它"老师们授课就像吃棒棒糖一样简单"。

　　我试着设想，若这种广告语用在医生律师身上会有怎样的效果，要是用在其他职业宣传上又会有怎样的效果（"心脏科医生看懂病人的病理四维图就像吃饼干一样轻松"）？所以，带着好奇，我翻开了一张杂志里提供的样课。

　　有三处让我在阅读的时候停下沉思。在标题为"信息文本中的关键点与细节"段中，作者谈到了课程目标——"寻找主要观点与细节"。标题为"文学文本的关键点与细节"段中，有两堂课，"第七课：寻找故事或戏剧的主题"，以及"第八课：寻找诗歌的主题"。

　　让我沉思的，是作者在这三处用到的字眼"寻找"。如我在本书通篇阐述的观点，我认为文本中的隐喻很关键——这款产品暗示了一种阅读教学观念。阅读成为一种"定位"。对文本的理解如同寻宝游戏，也就是我们说的对概念的"萃取"。因为主题或是关键点存在于文本中，因为它们"就在那儿"，所以对教师而言，精准的测评才成为可能。如果我把我家狗最爱的玩具藏在院子里——它有百分之五十的概率找到那个玩具。这一点，我深信不疑。因为是我藏的，我当然知道玩具在哪儿。（注意"隐含义"这个表达本身就用到了这一隐喻。）作者—读者的交易，变成了捉迷藏。

　　这款产品的隐喻，是将文本比作一个空间、一个广阔的区域、一个储藏盒，而关键信息就静静躺在里面。这一隐喻被各个出版商奉为圭臬，因为《共同核心州立标准》的作者大卫·科尔曼（现为大学理事会会长）与苏珊·皮门特尔给出的指导意见的核心思想与这一隐喻不谋而合。《共同核心州立标准》由盖茨基金会资助，这些指导意见将对接下来的教科书编写，乃至随后的标准化考试的制定，都起到决定性影响。《共同核心州立标准》中，两位作者不断将"寻找"这一隐喻嵌入阅读过程中（科尔曼与皮门特尔，2011）：

"《共同核心州立标准》表明，学生需要加强从文本中**提取知识的能力，这就是阅读的真谛。**"（1）

"《共同核心州立标准》着重强调文本阅读与**获取知识**的联系。"（1）

"复杂的文本就是观点、信息、经验的**存储库**，所有的读者都应该明白怎么打开仓库的大门。"（3）

"《共同核心州立标准》着重强调学生从所读文本中**提取**证据、知识、观点的能力。"（9）

"精读，并从特定文本中**获取**信息应该成为课堂活动的核心。"（9）

"在长文本上花力气能够让学生拥有学习的毅力与恒心，并能从**大量的阅读材料中萃取知识和观点。**"（15）

"复杂的文本是一个**巨大的储存库**……"（15）

（黑体字为作者标出）

135

在这里，文本被看作一片种下了"知识、证据、观点"的土壤，甚至在阅读行为发生之前，这些就已经存在了。而学生要做的，就是找到那些"知识、证据、观点"，然后把它们从"仓库"中"提取"或"萃取"出来。当《共同核心州立标准》作者提出读者就该"待在文本"中时，他们已然将这一隐喻钉入读者脑海。实际上，读者被这一隐喻围得死死的。

这种阅读的概念完全被文本控制，以文本为主——因为文本的含义已经被圈定好了。我每次参加标准化考试时，都能感到一种权利的不平衡，就好像我非得按着别人套好的思路写答案一样；在考试中，我得不停地猜"他们"想让我怎么答，"他们"觉得重要的点是哪些。我得放弃个人的阅读习惯，然而，对我而言最可靠的反而是我自己的阅读习惯。

已经有学者对科尔曼与皮门特尔的观点提出了质疑，认为他们提倡的是以一种不近人情、冷冰冰的阅读法去阅读复杂文本（斯诺，2013），而让我更担心的，是二者对阅读概念本身的误解——他们在解释中传递的隐喻信息。他俩对阅读的理解与交互式阅读或建构主义模型完全背道而驰，后者认为知识是建构而成，并非"提取"得来（区别相当大）。交互式观点认为，文本本身并无固定主题，主题并非被框死在文本中——而是在阅读的过程一点点呈现，是读者与文本互动的成果。

举个例子。几年前，我儿子8岁，有一天他决定和我一起看《麦克白》的电影版，可能他听电影名以为这是一部动作片，当然某种程度上也可以这么说吧。8岁的他，坚持看了好一会儿。几小时后，我们碰巧遇到我的一位研究生，我提到今天和儿子一起看了《麦克白》，研究生顺口就问了我儿子觉得电影怎么样。

"不错啊，"儿子说，"是关于谋杀一些小男孩儿的。"

"谋杀小男孩儿？"《麦克白》就是谋杀小男孩儿？然后，我回忆起电影里一个短短的场景，大概也就几秒钟时间——麦克达夫的孩子们被谋杀。那个场景大概会让一个8岁的孩子印象深刻，但是我压根儿没把这出当成整场戏的重点——不过我后来仔细琢磨了一下，那一幕确实是全片最恶毒的场景，是麦克白的野心走向堕落的开始。儿子的回答，让我体会到了这一点。

交互式阅读认为，文本并不是一个固定的空间，意义"种植"于其中，等待读者发现。相反，阅读行为是一种即时的经历，文本虽由作者所创，但如何理解文本完全凭借读者本身的先验知识、阅读目的、情感回应以及阅读时的注意力。读者，并不会被文本束缚。文本中的意义是作者与读者共同"创造"的，而不是被读者"找到"的。

《共同核心州立标准》的制定者曾对"这首诗给你什么感觉？"这样的问题嗤之以鼻，然而事实上，有了情感上的感觉、反应，读者才有阅读的动力，而阅读的动力，是分析的基础。我们细细"拆卸"对文本的感觉，再回归文本，找到触碰到我们感觉"开关"的部分。我在本书中强调的"形式"，是如何吊起读者的胃口，如何满足读者阅读的期待，胃口与期待可不是纯理性的，二者都是相当具体的表达。阅读一篇文本（或电影、歌曲），我们首先作出情感上直观的回应，也就是"感觉"，然后才会分析这种感觉缘何而来。

阅读的目的与注意力决定了我们阅读的重心——很显然，我们不可能整篇通吃。罗马评论家塞内卡的总结最妙：

> 虽然阅读材料一致，但人人都会根据自身兴趣，各取所需，这没什么好惊讶的。就好像同一片牧场，牛吃草，狗追野兔，鹳鸟扑蜥蜴。（1969，210）

## 死后僵直

"框死在文本里"这种刻板、脱离情感的阅读方式，显然会让我们联想到"严苛"这个词。如果教育改革非得用"上帝术语"[1]形容，那一定非"严苛"这个词莫属。我呢，大概是为数不多对目前看上去轰轰烈烈的"教育改革"不怎么感冒的人（与我同一战线的，还有美国教育家薇琪·文顿和阿尔菲·科恩）。我先解释下：如果说"严苛"[2]这个词，指的是坚持、毅力、解决困难的勇气，并对权威保持杜威口中的"合理怀疑"的态度，谁都无法否认"严苛"的价值。如果是这样，教育改革当然众望所归。但问题是——怎样才能做到坚持不懈呢？

"严苛"这个词源于拉丁文的"rigor"[3]，拉丁文的原意为僵硬、无弹性甚至还有生理性的"死后僵直"。在智慧心理层面，这个词又与严格、苦行、道德严谨有关。我意识到在现代社会中，虽然大家用这个词时并不太在意它的词源，但是还是会不自觉带上拉丁文的含义。比如，我们说一个人很严格，言下之意就是这个人做事肯下苦功，而且这一番苦功可是真"苦"，毫无乐趣而言，他会一直坚持这么"苦"着，直到达到他预期的目标。

不过，这有什么问题？

在我看来，这是对人类动机的误读。当然，老师都希望学生做事能坚持不懈，但是那些真正能坚持不懈做事的人，凭的都是真心热爱，退一步说，至少他们享受做这件事的过程——他们可没觉得自己有多么严格。比如下面这个例子，安妮·迪拉德讲述了她是如何写作的：

> 写书就像养孩子——其实和意志力没太大关系。如果你的宝贝半夜啼哭，而你只是凭着意志力下床喂奶，那估计你根本坚持不了几次，宝贝肯定要挨饿的。你下床，是因为你爱他。人类的意志力是脆弱的；但是人类的爱是无敌的。你抱起你的宝贝，并不是因为你得时刻鞭策自己，而是出于对他的爱。每天坐在书桌前写作也是这么回事。（1987，75-76）

我深有同感。完成《被误读的男子气：男孩儿、读写与流行文化》（*Misreading Masculinity: Boys, Literacy, and Popular Culture*）那本书的情景还历历在目。

---

1 "上帝术语"为美国学者理查德·韦佛所创，指那些一眼看上去难以理解，却似乎带有积极意义的词，比如"进步""自由""改革"等。——译者注
2 原文为rigor。——译者注
3 此处英文与拉丁文同型。——译者注

我还清楚地记得我是几点、在哪儿写完最后一句话的。尽管知道后续还要修改校对，我心里却很清楚，这本书基本成了。那一刻，我的感觉并不是解脱，反而，一种深深的失落萦绕我心，仿佛一位老友彻底离我远去。我失去了挚友的陪伴。再也不会有那样的上午，我坐在书桌前细细整理读物、思想以及我的个人经历，想着一会儿怎么动笔。我之所以有定力坚持不懈写完这本书，是因为我喜欢自己正在做的事情——可不是因为我自我要求严苛。

正是这份热爱、这份关注引领着我们一次次修改、一次次重新加工，直到将这看似不可能的任务变为可能。我们也可以从喜欢的作家身上学到许多，比如F·斯考特·菲茨杰拉德是如何对《了不起的盖茨比》做出一遍遍修改的。这部优秀的作品，震撼人心的背后，是作者的辛劳——字斟句酌，不厌其烦地修改情节，让整体阅读感更为流畅，修剪多余的描述，塑造人物行为让其变得更为立体。甚至连这部作品的结尾，都是经过千锤百炼的。最后两段如下：

> 盖茨比信奉这盏绿灯，这个一年年在我们眼前渐渐远去的极乐的未来。
> 它从前逃脱了我们的追求，不过那没关系——明天我们跑得更快一点，把胳臂伸得更远一点……总有一天……
> 于是我们奋力向前划，却逆流向上，不停被推回过去。（189）

我必须承认，在菲茨杰拉德手稿中读到这最后一句，我全身汗毛竖起向这位大师致敬。他使用的是花体字，是在明尼苏达语法学校念书时学到的（虽然，这位大师实在不太擅长拼写）。书中的结尾基本与原手稿差不多。但在手稿中，菲茨杰拉德写的是"单舟逆流"。修改过的版本却将芸芸众生都囊括进去了，我们每个人都有自己的小船，承载着每个人不同的梦想，却都抵不过命运的洪流。我们只可意会作者的意图，对"小舟"使用复数却让读者立刻体会到了一种与世隔绝的寂寞——我们每个人都是如此孤独，做着不同的梦。或许你会说，作者这样精细描绘细节难道还不是"严苛"吗？我却觉得，这源于作者对作品无尽的爱与奉献。

我真的很幸运，遇见过那么多伟大的导师与楷模，他们或远或近，或尚在人世或已与世长辞。曾有15年，我都住在唐纳德·莫瑞家街对面，他是普利策奖得主，一生研习写作过程。任何对写作有兴趣的人，他都愿意与其切磋一二：无论是本地贝果餐厅的店员，还是高中生，或是他们的监护人、水管工，唐纳德都不吝指导。

　　我从他那儿学到最有价值的一课，大概就是"聆听文本"。唐纳德认为，随着写作的开展，文本本身也能"传递信息"，如果作者愿意接收文本的信号，便能看见文字接下来的走向（这样一来，就不会过于严苛死板，因为写作大纲而缩手缩脚）。假设我们将心灵电台灵活调到接收状态，我们会发现不断变化的文本，是写作的最佳伴侣。写一句话，下一句自然就冒出来了，你想都没想过的灵感也不知从哪儿全都钻了出来——这些，都是因为作者"对出乎意料有所期待"。唐纳德对于那些视写作如上刑场的作家可没耐心——他说，如果写作对他们而言如此痛苦，不如换份职业算了。唐纳德的写作观点很有意思——他觉得写作应该如游戏般放松，动作轻盈灵活，不被死板的形式捆住手脚。

　　少了乐趣，"严苛"只能算作失败；因为这违背人类天性。我们来讲一个健身自行车的故事吧，听起来有点惨。在我们镇上，有一个叫作"春季捡捡乐"的活动，居民可以把闲置不用的东西搬到院子里等待收垃圾的人回收：旧家具啦，台灯啦，运动器材啦，生锈的工具啦，等等。几乎每一年，都会有住户想要处理掉家里一辆闲置的健身自行车。"大清扫"开始时，人们会开着皮卡巡视整个小区，捡走自己需要的东西；镇上皮卡声轰轰时，你家院子里堆的东西瞬间消失也是很常见的。

　　所以，我是这样想的。一个人，就叫她爱丽丝吧，巡视时发现了这辆健身自行车，她一想，"对啊，我正巧想减肥呢，我得把这个搬回家每天骑一骑。反正又不要钱"。于是，爱丽丝把那辆自行车放进她雪弗兰Suburban车后座，安置在自家地下室里。头五天，每天都骑，然后就三天打鱼两天晒网地骑，再然后，就没有然后了。骑车太枯燥了，又得一个人单练，动作重复性又高。于是呢，一年之后的"春季捡捡乐"上，这辆车出现在爱丽丝家的院子里。我一闭眼，脑中全是这辆可怜的健身运动车以此方式环游全国的画面。

　　如果她想要坚持运动，最好的办法就是让它不那么像一份义务，或许她可以邀朋友一起运动（或者去户外骑真正的自行车）。那些常年坚持跑步，坚持游泳、登山、练瑜伽的朋友，是因为他们享受运动本身——而不是因为运动有益健康。即使去掉这个附加条件，他们也热爱这项运动。

　　所以不管是"严苛"也好，坚持不懈也罢，我的观点是，我们在无压力的情况下的自我发挥是最棒的。这一点，我们可以问问蒙田大师的意见。作为文艺复兴后期最负盛名的读书人，他的观察值得我们认真思考：

如果在阅读中遇到理解困难的段落，我从不会咬着指甲挠破头皮；若仔细想了半天，仍旧无果，我就听之任之……对我而言，做一件事若苦大仇深，还不如不做，太多压力会影响我的判断，让我沮丧疲惫。我会因此变得困惑不堪，白白浪费力气。这时，我会告诉自己即刻抽离，过段时间再以全新的眼光审视理解困难的段落。（1987，458）。

蒙田极力避免让阅读变成一项苦差，他宁愿在感到因坚持而疲惫时放松一会儿（但他仍然想方设法读完了所有罗马古典文学）。为了保持阅读的愉悦，他选择不钻牛角尖，不在一个困难上消耗所有元气——因为这种注意力高度集中，强迫自己坚持的阅读行为很快便会消耗掉我们体内的葡萄糖，让我们感到劳累。那些用无穷无尽复杂文本考验读者忍耐力的作家，读者缘都不会太好（仔细想想，有多少"看过"的书，尤其是那些所谓的教科书，勾画的痕迹止步于第一章）。

如果我们能保持心情愉悦，甩掉压力，处理难度较大的任务也会变得事半功倍。当学生遇到困难时，我们会告诉他们"深呼吸"，说这句话的时候，我们会下意识地想让学生通过冥想放松心灵。我在写《学生写作中的自我》（*The Performance of Self in Student Writing*，1997）这本书时，每天写作前我都会播放塞缪尔·巴伯的《弦乐柔板》，一听这首乐曲，我的心即刻松弛下来，我也会迅速进入工作状态。我得拔光体内的"严苛"因子，才能专心投入写作中。

我人生中听到的最中肯的建议，来自欧柏林大学的新生指南会，当时我还是大一新生，觉得持续了整整一周的新生指南会简直没完没了。一位心理学教授告诉我们，学习中很关键的部分，在于能够意识到你什么时候元气耗光，注意力开始不集中——一旦出现这样的"症状"，即使你再好学，效率也只能是事倍功半。此时，最好的办法就是自我监管你的效能，累了就休息，然后以全新的精神面貌再次投入学习。在学习中，我们实在太容易陷入一种无效的神游状态了，这种状态可是学习的大敌。

我在爬怀特山的时候，也用到了上述"学习理论"。常登山的人都知道，爬到某个点，登山的难度会陡然升级，眼前突然岩石丛生，难以下脚。突然，我感到自己呼吸不过来了，双腿沉重不堪，大汗淋漓——甚至我的平衡感也因为身体的疲倦明显下降。我大脑中好胜的神经催促我继续上——迎难而上才是英雄好汉。

但是，我已经学会如何安抚那条好胜的神经。我停下脚步，甚至连续停了几次，调整自己的呼吸。如果遇到的是岩石面，意味着我每走五十步就停下来歇一歇，但我还是听从身体指示照做了。注意到自己身体的疲劳感，让我在两个方面受益匪浅。其一，因为我停下脚步，所以我反而能更加彻底享受攀登的过程，因为难度最大的部分的风景恰恰是最为壮观的。

其二，我有了掌控一切的感觉。听上去挺矛盾的，停下脚步，我反而觉得自己更强大了。这意味着如果我能控制自己身体的疲劳度，什么山我都能征服。阅读也是一样：自我监控阅读效率，不将自己逼到极限，我们反而能更好掌握难度较大的文本。

此外，我也坦然接受了"差不多"；理解得差不多，或者只理解了大部分没什么丢脸的。即便是approximation这个词——意为近似，接近——也向我们展示了关于空间的隐喻是多么深入人心！我们永远无法做到一字不差的理解，也做不到言之凿凿的论证，甚至都不可能分毫不差地精确表达自己的意思。让所谓的完美滚蛋去吧，反正它也不是我们真正的目的。阅读即"误读"——是将别人的话翻译成我们自己的语言，这样的翻译根本不是一对一的等价交换，它通常就是混乱的。我们都有自己的盲点、成见、怪异的联想力，也有懒得查漏补缺的时候。而对于作者而言，无论你写得再怎么好，研究探索是无止境的，我们总有疲惫不想再深入写下去的时刻——或者时间来不及了，我们得交稿啦。甚至写作这一行为本身也是翻译。小说家迈克尔·坎宁安（Cunningham）是这么说的：

> 你，几个月甚至几年，怀里揣着小说构思心心念念。在你心里，这部小说超凡脱俗，既幽默风趣又不失悲怆，小说里包罗万象，涉及你所知道的所有知识，所有你能想到的情节，总之，它肯定是一部人类的史诗。它巨大，神秘，让人瞠目结舌。在你心里，它就是烈火铸造的大教堂，圣洁神圣。
>
> 然而，即便这本你臆想中的书真的写出来了，而且写得确实还不错，它也不是你脑海中构想的那本书。它涵盖的面一定比你预想的窄。它就是一件物品，靠着句子堆砌出来的物品，看起来一点儿都不像是烈火铸造的大教堂。
>
> 简而言之，这部写出来的小说，不过就是你脑中伟大故事拙劣的翻译。

（2010）

作者尚且如此，作为读者我们又会对文本进行另一层次的翻译，我们的"翻译"只会离"烈火铸造的教堂"越来越远。

还有一种情况，我们也会调整到最佳状态，那就是我们感到时间充裕——这么一来，我们就能"住在"过程中，完完全全"在场"，但是这种情形在学校愈加"拥挤"的课业中，越来越少见。我最近发现了唐纳德·格雷夫斯与露西·考金斯（Lucy Calkins）在20世纪70年代末拍的一系列关于儿童写作研究的录像，这些录像具有划时代的意义。我和其他老师一同观看了录像，他们都不约而同地注意到了录像里节奏很慢。研究中的学生有着充分的时间来回答问题，甚至录像里的老师会让学生们试两到三次。考金斯绝对是个一流的采访者，她在提问时常常采用"留白探查"的手段——"再多说些好不好啊？"当学生遇到困难时，无论是老师还是研究者都不会立即介入（即便他们介入了，他们也只会问学生在干什么，而不是帮他们直接解决问题）。他们传递给学生的信息是：慢慢来，我在听。你需要多少时间都可以。

当我看这些录像的时候，我想起了另一位优秀教师，我的朋友艾琳·奇尼，她会在与学生的互动中给他们充分的时间，并对他们充满期待。如果学生说，"我不知道"，她会回答，"我知道你不知道，亲爱的，但是如果你知道的话，你会怎么说呢？"给予学生充分的时间非常重要，尤其对英语非母语的学生而言，他们常常会在课堂快速讨论中饱受挫败，因此缄口不言。

关于优秀的教学，例子不胜枚举。但我打赌：好老师从来不急不躁，他们也不会让学生们感到被催促。

142

### 我来评一评

传统观念认为，叙事就是一种模式，是一种写作类型，而且还是简单的那种。当我们依赖故事时，人们会指责我们太过"逸事"，学术上不严谨。我们被告知，以后无论是在工作还是大学课业中，我们写的可是难文章，精准严苛的文章；我们要懂得分析，懂得作出逻辑论证。讲故事是行不通的。

但是，我们就是会讲故事啊。躲都躲不开。即便是论证，也是另一个版本的故事，或是故事为观点服务，或是以故事的形式构成。那些用来论证故事、因果关系的论据通常最为可信。我们会想象一个故事，来挑刺另一个故事。信息型文本通常会以叙述的形式描述过程（进化、自身免疫系统、光合作用、全球变暖）。

人类根植于时间、历史之中。或者相反，我们以历史的形式界定时间。我们通过时间的流逝感受自身的存在。当我母亲因病遗失这一能力时，她以为自己疯了，她丢失了自己。我们依赖故事，并不仅仅因为其娱乐性，我们也在故事中寻求解释、意义以及自我理解。我们下意识地联系因果，因为人类生来如此。否认叙述，就是否认人类的天性。与此同时，我们也在寻求叙述者的陪伴，他能吸引我们的注意，甚至让我们爱上他。我们生来就不客观，也不抽象——我们也并非不朽。人类的心是一颗"文绉绉的心"，任何写作形式里的情节、角色、细节都会引起我们的共鸣。

如信徒保罗在《哥林多前书》中所写，人类"如今对着镜子看，却模糊不清"，只有死后通过救赎，跳脱时间之外，我们才能"直面"真相，达到不朽。直至死神敲门前，我们活在时间之中，随着叙述迂回前行。

柏拉图在《斐德罗篇》中描述灵魂的本质——对话的核心部分时，也有过类似的言论。柏拉图承认灵魂的本质是"一个宏大的主题，超越了凡人的话语权"，但他仍选择描绘灵魂，并用了一个令人印象深刻的"比喻"，延展类比——人类的灵魂是两匹飞马拉着一匹战车。柏拉图想说的是，若我们能够像上帝一样，自然用不着任何形式的隐喻、类比以及"差不多"；我们一眼便能看穿真相。

然而，我们是人类，是活在时间线性里的凡人，我们必须讲故事。

143

# 译后记

　　翻译纽柯克教授的这本书，是我读博五年中珍贵而有趣的经历。那个夏天，我整日坐在书桌前盯着电脑，有时似乎能轻松敲出一整段；有时苦苦思考良久，仍找不到适当的文字表述；有时被他的幽默逗乐，忍不住笑出声；有时又被他的细腻隽永打动，独自流一会儿眼泪。在翻译此书之前，非翻译科班出身的我，从未如此近距离地与一位作者"交谈"。在此之前，我也不知道原来翻译本身是一个集语言、语码转换、信息搜集、研究、表述能力等为一体的技能。总之，这项工作比我想象的难得多。

　　首先是译者与作者间的"亲密感"（Intimacy）。我没有系统接受过翻译训练，也无法从理论上解释这种"亲密感"是否对最后的行文有益。然而这种类似于"我懂你"的主观感受，确实对我的翻译产生了结结实实的影响。这种"懂得"，似乎不是单纯对作者文字或观点的理解，而是更进一步对作者本身产生的认同感。在阅读与翻译纽柯克教授这本书的过程中，我从他分享的感性故事里窥见他生命中的喜乐、悲伤、焦虑，感受到他对他人、对时间、对世界的态度；也从他冷静的说理举例中，感知他作为学者的严谨与理性。我是一位读者，在阅读过程中，我随时准备着与其"交谈"；我又不仅是读者，"交谈"之后，我要尽可能用我的语言把"他"留在纸上。我觉得这种"亲密感"的营造，是能否最终还原作者本身文风与性格的关键因素。

　　纽柯克教授写作的特点之一，是旁征博引。他的旁征博引还是跨领域的。细数一下，本书涉及的领域有：化学、医学、生物学、文学、体育竞技、数学、哲学、历史、心理学、社会学，等等。读起来当然酣畅淋漓，翻译的时候却苦不堪言。举个例子，本书第一章开篇他回忆起昆虫学家父亲上山研究蚊子的故事。仅仅一小段文字，却细细描述捕捉不同种类蚊子的过程。我只得查阅不同翅目种类，顺带了解生物学家通常捕捉昆虫的方法，以确定翻译时不会因不了解该学科而造成误译。另一个例子是关于棒球的。纽柯克教授本人是铁杆棒球迷，又因为棒球运动在美国属于"全民运动"，所以他在本书中引用了大量棒球术语、比赛规则以及棒球运动员的成绩数据。但我对棒球

145

繁复的规则一窍不通。初读简直像天书一般。在勤勤恳恳查阅了各种资料之后，还是一知半解，心里没底，无法确定翻译的准确性。为了解决这个难题，我找了一位同为棒球迷的美国朋友，花时间了解、核对本书中出现的棒球规则与成绩数据，以求翻译的准确。"旁征博引"对翻译的另一个挑战是文风的多变。不同文体呈现的风格不尽相同，而不同文体的跨越在纽柯克教授的写作中又相当频繁。可能上一段我还在翻译诗歌，寻求语言的优美，下一段就要面对冷冰冰的医学文献，体现"学术语言"的严谨。但这些于我而言，确是非常有趣的经历。在翻译过程中，每遇到一个新领域、新知识，我都花时间做研究。有一些甚至还由着个人兴趣，做了延伸阅读。这真的是令人愉快的学习经历。

    翻译这本书的时候，我正在写博士论文提案。老实说，当时的我在写作方面陷入了困境。挣扎之一，就是所谓学术写作与叙述性写作间的角力。在被论文学术委员会建议"写得更加学术理论些"之后，我觉得自己非但没能更"学术些"，还丢失了自己作为写作者的声音。纽柯克教授的这本书，让当时处在困惑中的我，醍醐灌顶。他的核心观点"所有的写作都是叙事"，不仅打破了文体间的屏障，更对阅读与写作教学中长期存在的"模板"问题提出了质疑。他行文深入浅出，在层层理论之间，巧妙融入自己的故事（我最爱第二章中他与妻子相遇的故事）。他告诉我，"讲故事"（telling stories）同样是学术写作重要的一部分，任何文体的内核都需要戏剧性的结构与情节，需要张力。另一方面，他作为写作者，并不忌讳暴露自己脆弱的一面。于读者而言，他并非高高在上指点江山的全知全能者，他亦师亦友，就像请你坐在客厅沙发上，给你斟一杯咖啡，对你说，我们来聊聊写作可好？

    非常庆幸在我陷入写作困境时，导师傅丹灵教授把这本书推荐给我，也感恩之后有幸加入翻译团队，成为此书的译者。翻译工作开始没多久，我在美国语文教师协会（National Council of Teachers of English，简称NCTE）上，见到了纽柯克教授。他与我想象中一样幽默，很爱笑。听别人说话时，身体微微前倾。与文字相比，他本人有些许腼腆。他问我，你觉得我的书难翻吗？我没想到他会这么问，愣了一下，决定诚实回答他。我说，难。他笑起来，继续问，难在哪里呢？我说，您的书涉猎极广，横跨众多学科领域，我翻译完后，觉得自己博士应该能毕业。我们对视了一眼，都笑起来。

    整本书从翻译初稿，到最终定稿，花了不少时间。我要感谢整套丛书的编辑团队，特别感谢我的导师傅丹灵教授，以及本书的另一位主编曹勇军老师。两位老师对本书的最终成型注入心血。难忘每次曹老师审完稿之后，红色的批注与提问。是这些批注与提问，让我更深入地思考语码转换与文化差异，也更能站在国内一线教师的角度上，审视自己的翻译表达。

纽柯克教授说，若作家能带领读者看到一个他们从未了解的世界，引领读者朝着新方向不断探索，这样的作家是伟大的作家。

作家能做到这一点，作为读者，我们必当相随。

译后记

董蓉蓉
于南方科技大学